Gratitud y Fe:
Dos Claves para una Vida Feliz y Renovada

© 2023 Kimberly Morfin

Todos los derechos reservados.

Queda prohibida la reproducción total o parcial de esta obra, ya sea por medios electrónicos, mecánicos, fotocopia, grabación u otros, sin el permiso previo por escrito del autor o del editor, de acuerdo con las leyes de derechos de autor.

Este libro es un producto de la creatividad y esfuerzo del autor y ha sido publicado, editado y maquetado por Legado Latino Editorial. Cualquier uso no autorizado de este material constituye una violación de los derechos de autor y puede estar sujeto a sanciones legales

Agradecimientos

Quiero expresar mi más sincero agradecimiento a todas las personas que han sido parte fundamental de mi trayecto y han contribuido a la elaboración de este libro.

En primer lugar, agradezco enormemente a mi amado esposo por su constante compañía y apoyo incondicional a lo largo de nuestro viaje juntos. En los momentos buenos y difíciles, su amor y respaldo han sido mi mayor fuente de fortaleza y motivación.

A mis queridos hijos, quienes son mi principal fuente de inspiración y han abrazado con comprensión y amor el propósito de mi vida, que es servir a los demás. Su cariño y entendimiento han sido un preciado regalo en mi camino.

Extiendo mi profundo agradecimiento a mi valioso equipo de colaboradores, quienes han adoptado nuestra visión y han contribuido con su dedicación y esfuerzo para llevar a cabo nuestra misión. Su compromiso ha sido esencial en cada paso de este proceso.

A Siloina, mi madre espiritual, le doy gracias por ser un pilar para mí en los momentos más difíciles de mi vida. Su sabiduría y amor han sido una luz guía en mi camino.

A Yolanda, quien, durante mi lucha contra el cáncer, demostró el poder de la solidaridad entre mujeres en momentos de necesidad. Su amor y apoyo desinteresado han dejado una huella imborrable en mi corazón.

Al pastor Jaime Ávila y a su esposa Claudia, les agradezco de todo corazón por su presencia en momentos cruciales de mi vida. Los llevo en mi memoria con profundo cariño y gratitud.

A mis padres y a toda mi familia, les agradezco por brindarme los cimientos sólidos que me han permitido perseguir mis sueños y metas con determinación.

Por último, pero no menos importante, doy gracias a todas las personas que se han cruzado en mi camino y han dejado su huella en mi vida de alguna manera. Cada experiencia y encuentro han sido valiosos y han contribuido a mi crecimiento personal y espiritual.

Este libro es el fruto del esfuerzo conjunto, el respaldo y el amor de todas estas personas, y estoy profundamente agradecida por cada uno de ustedes. Es mi sincero deseo que esta obra pueda inspirar y transformar la vida de quienes la lean, al igual que ustedes han transformado la mía.

Dedicatoria

Dedico con profundo amor y gratitud estas líneas a todos los lectores que tengan este libro en sus manos. Para ustedes que sufren en silencio, que están luchando por su vida, a ustedes que se están recuperando de alguna enfermedad o que están en medio de un proceso, les dedico también esta obra y deseo con toda mi alma que sea una luz de inspiración para ustedes, y les llene el corazón de esperanza, gratitud y fe a través de sus páginas.

A mi amada familia. A mi esposo, por ser mi compañero incondicional en cada paso de este camino de vida; a mis hijos, por ser mi inspiración diaria y por entender el propósito que impulsa mi maravillosa labor de servicio a los demás, este libro lo hice pensando en ustedes y se los dedico con mucho cariño.

A todo mi equipo de trabajo, cuya dedicación y apoyo han sido fundamentales para llevar a cabo nuestra misión. Están en mi corazón y les dedico estas líneas en forma de tributo por su buena voluntad. Les agradezco por abrazar la visión de lo que hacemos y por contribuir con entusiasmo y compromiso a esta noble causa.

A mi familia, incluyendo a mis padres, hermanos, tíos, primos y a todos, sin excepción, quiero dedicarles este libro como una forma de agradecimiento por proporcionarme las bases sólidas que me han permitido enfrentar los desafíos de la vida y continuar persiguiendo mis sueños. Les dedico este trabajo con todo mi cariño y gratitud.

También va dedicado para todas las personas que han influido en mi vida de alguna manera, enseñándome valiosas lecciones.

Este libro también está dedicado a todas las personas que están pasando por la difícil experiencia del cáncer. Mi deseo es que estas páginas les brinden una luz de esperanza y una fuente de inspiración para enfrentar este desafío y transformar sus vidas.

Por medio de esta obra que realicé con mucho amor, deseo hacer un llamado a la empatía y la colaboración, para que más personas se unan a nuestro movimiento de salvar vidas y ayudar a quienes enfrentan procesos y enfermedades. Juntos, podemos marcar la diferencia y brindar apoyo a quienes más lo necesitan.

Con amor y gratitud,

Kimberly Morfín

Acerca de la Autora

Kimberly Morfín es una mujer excepcional, conocida por su dedicación como madre, esposa y empresaria, pero, sobre todo, por su pasión inquebrantable por servir a los demás. Originaria del hermoso estado de Jalisco, México, Kimberly es la tercera de cinco hermanos y desde una edad temprana demostró un fuerte deseo de ayudar a quienes la rodeaban, al mismo tiempo que aprendía el valor del trabajo duro para contribuir al bienestar de su familia.

A pesar de crecer en un entorno rural, llena de sueños y desafíos, Kimberly siempre tuvo una firme determinación para superar obstáculos y trazar un camino hacia un futuro mejor. Con el tiempo, se casó y formó una familia. Sin embargo, su vida daría un giro inesperado y desafiante.

A los 23 años, justo en el día de su cumpleaños, Kimberly enfrentó una de las pruebas más difíciles de su vida: el diagnóstico de cáncer de tiroides. Este desafío sacudió su mundo y la llevó a experimentar caídas y obstáculos que, de alguna manera divina, la llevaron a descubrir la luz de los milagros y a conectar con personas extraordinarias que aún la acompañan en su viaje de vida.

Kimberly es una líder natural, con un profundo deseo de servir. Ella encuentra una inmensa gratificación en su rol de esposa y madre, y halla un propósito significativo en mejorar la calidad de vida de quienes la rodean. Su historia de vida es una fuente de esperanza que inspira a muchas mujeres y a personas que han enfrentado desafíos similares.

Pero su compromiso con el servicio va más allá. Kimberly ha creado una línea de maquillaje especial, con el propósito de apoyar con los fondos a mujeres que enfrentan la batalla contra el cáncer, y para brindarles a su vez un toque de color y alegría en momentos difíciles. Ella misma experimentó el poder de la confianza que brinda el maquillaje cuando más lo necesitaba, y ahora, a través de esta línea de productos, comparte ese mensaje con otras mujeres.

La historia de Kimberly es un testimonio de cómo el agradecimiento y la fe han sido las bases fundamentales para disfrutar de una vida llena de felicidad y paz, incluso en medio de los desafíos más grandes. Su dedicación a través de la Fundación K Morfin Reconstruyendo Vidas, brindando apoyo a quienes luchan contra el cáncer, es un testimonio de su espíritu de servicio inquebrantable y de su firme creencia en nuestro poder transformador para impactar positivamente nuestras vidas, y las de los demás.

Acompáñanos a explorar su conmovedora historia y descubre cómo la gratitud y la fe pueden iluminar incluso los días más oscuros.

Introducción

La vida nos reta de muchas maneras, y a veces nos deja en la penumbra de la incertidumbre. Permíteme presentarme, soy Kimberly Morfín, y a través de las páginas de "Gratitud y Fe: Dos Claves para una Vida Feliz y Renovada", deseo compartir contigo una historia de cambio y esperanza que podría transformar la perspectiva de tu vida.

En el transcurso de mi existencia, me he enfrentado a obstáculos desafiantes, como luchas personales, momentos de rechazo y la dura prueba del cáncer. Sin embargo, estas experiencias me enseñaron que nuestra actitud frente a las dificultades puede determinar el curso de nuestro destino. Descubrí que cultivar una mentalidad positiva y abrazar una fe profunda nos guía hacia una vida más plena y llena de propósito, incluso cuando debemos enfrentar obstáculos en nuestra vida empresarial familiar, o en nuestra labor con la Fundación K Morfin Reconstruyendo Vidas.

Este libro representa mi testimonio de cómo he aprendido a contemplar la vida desde una perspectiva optimista. Mi deseo es transmitirte la importancia de entender que el sufrimiento se hace más insoportable cuando lo enfrentamos con temor y resentimiento. La fe y el agradecimiento son las claves que han iluminado mi camino, y deseo compartirlas contigo.

A lo largo de estas páginas, te sumergirás en palabras que buscan inspirarte, en relatos de mis experiencias personales y en citas bíblicas que ejemplifican el poder de la fe y la importancia de la gratitud. Aspiro a que, al concluir este libro, encuentres la inspiración necesaria para abrazar la vida con un corazón agradecido y una fe sólida. Juntos, descubriremos que, incluso en medio de los momentos más desafiantes, podemos hallar la paz y el propósito que anhelamos. ¡Te doy la bienvenida a este viaje hacia una vida transformada, donde la esperanza siempre ilumina nuestro viaje!

Tabla de Contenidos

Capítulo 1   19

Despertar al Agradecimiento: Iniciando el Viaje de mi Vida.

Capítulo 2   33

La Fe y la Gratitud como Pilares Sólidos en la Vida.

Capítulo 3   45

Apreciando las Bendiciones Cotidianas

Capítulo 4   57

Los Desafíos Fortalecen la Fe

Capítulo 5   71

El Poder de la Oración

Capítulo 6   89

Gratitud en la Adversidad

Capítulo 7   107

Compartiendo la Alegría con Otros que lo Necesitan

Capítulo 8   127

Viviendo con Propósito tu Misión Divina.

Capítulo 9   153

Renovación y Esperanza Frente a los Cambios de la Vida.

Capítulo 10   171

Cultivando un Futuro de Gratitud y Fe, Dejando un Legado de Amor

Capítulo 1
Despertar al Agradecimiento: Iniciando el Viaje de mi Vida

"Un nuevo día, es una nueva oportunidad para dar gracias por la vida que tenemos".

Cuando cierro los ojos y me sumerjo en el pasado, puedo divisar a lo lejos a la pequeña Kimberly, de apenas 4 o 5 años. La veo levantarse temprano caminando con sus pequeñas piernitas preparándose para ir al trabajo en el campo desde el amanecer. Recuerdo claramente cómo me levantaba antes que el sol, lista para ordeñar las vacas y moler el maíz en el molino, todo con el propósito de preparar un sencillo almuerzo de taquitos de papa y frijoles para llevarnos para comer en el campo. Dedicábamos a cultivar la tierra largas horas de trabajo, desde que salía el sol hasta que caía la noche, incluso, bajo el sol ardiente.

Después de una jornada agotadora en el campo, llegaba el momento de cuidar de los animales y ocuparme de las tareas domésticas. Recuerdo claramente la oscuridad que envolvía nuestra casa de adobe a la anochecer, por la falta de luz, y, aun así, encontraba energía para coser y bordar hasta altas horas de la noche. El descanso era escaso, pero mi determinación y mis deseos de trabajar siempre estaban presentes. Como no teníamos luz eléctrica, recurríamos a unos palitos de ocote que encendíamos y colocábamos en las paredes de nuestra humilde casita de adobe para poder alumbrarnos.

Aunque en aquel entonces, siendo aún muy pequeña, recuerdo que me sentía agotada y abrumada por las responsabilidades, sin embargo, ahora puedo reconocer el valor de esas experiencias de vida. Aprendí a ser hábil con mis manos, a cocer, bordar y cocinar, habilidades que hoy en día aplico en la crianza de mis propios hijos. Esos tiempos difíciles me enseñaron la importancia del esfuerzo, la constancia y la gratitud por las pequeñas cosas de la vida.

En mi familia soy la tercera de tres hermanas y dos hermanos. Es decir, soy la hija de en medio. Recuerdo que mientras yo acompañaba a mi padre en las labores del campo, mis hermanos menores solían quedarse en casa con mi madre. Con el correr del tiempo, ellos comenzaron a asistir a la escuela, y mi hermano mayor solía irse con los primos o con sus amigos. Recuerdo que él era como mi héroe, y me encantaba verlo llegar a la casa por las noches.

Las madrugadas eran el momento en que salía a trabajar con mi papá, montada en mi fiel burrito. Él fue un compañero inseparable que me acompañó durante largas jornadas de trabajo, siendo mi principal medio de transporte. Mi padre le preparaba una silla y lo cubría con un zarape, y allí encontraba un breve respiro, durmiéndome un rato, abrazando el frío de la madrugada, mientras nos dirigíamos hacia la parcela para trabajar con la yunta.

La "yunta" básicamente es un par de animales, que pueden ser bueyes o caballos, unidos para trabajar en el campo. Con ellos realizábamos tareas como arar la tierra o trasladar cargas pesadas. Imagina dos bestias caminando juntas, tirando de un arado o un carro, mientras el agricultor las dirige.

Así era como mi padre y yo invertíamos largas horas de trabajo en el campo, utilizando esta yunta para llevar a cabo nuestras labores agrícolas. Siempre me maravillé de que gracias a estos magníficos animales, los agricultores pueden realizar sus tareas de manera más eficiente y rápida.

Mi hermana mayor se casó muy joven y dejó nuestra casa, creando un vacío que todos sentimos profundamente. Recuerdo con claridad haber compartido muchos momentos con mi hermano mayor y algunas veces con mis dos hermanos menores. Para mí, mi hermano mayor era como un héroe, alguien a quien admiraba y quería seguir. Cuando montaba mi burrito hacia la yunta, sola sobre mi zarape, anhelaba que mis hermanos estuvieran a mi lado. A menudo me tocaba enfrentar las largas jornadas de trabajo en el campo sola con mi padre, ya que el también necesitaba ayuda.

Recuerdo claramente como el cortar la milpa era todo un desafío para mis manos pequeñas. El frío me penetraba hasta los huesos y mis manos se entumecían, pero no me dejaban usar guantes, pues mi papá insistía en que era importante aprender a trabajar con las manos, aunque a veces dolieran. Las hojas afiladas de la milpa a menudo cortaban mi piel, dejando marcas que aún llevo conmigo. Además, los golpes accidentales con el azadón eran cosa común; a menudo, chocaban las herramientas con las piedras y nos dejaban cortes y moretones.

Durante esas jornadas agotadoras, era habitual estar sola con mi padre en el campo. Extrañaba a mis hermanos que solían estar en casa. Mi madre decía que tenían dolor de cabeza o malestares y no podían acompañarnos. Todavía recuerdo que habría deseado tener su compañía, aunque entendía que cada uno tenía sus propias cargas que llevar. Comprendo ahora que la vida nos presenta situaciones que no son como queremos, sino simplemente como son, y así necesitamos enfrentarlas.

Mi infancia estuvo marcada por el trabajo arduo y la disciplina. Recuerdo claramente que evitar mirar a los adultos a los ojos era crucial si querías evitar una reprimenda o incluso un castigo físico. Las técnicas de crianza de esa época eran severas y, a menudo, dejaban cicatrices tanto en el cuerpo como en el alma.

Recuerdo muy bien la famosa "chancla" y las piedras voladoras; eran parte de las técnicas de crianza de aquel entonces, al menos las que me tocó experimentar. Era una regla no mirar a los adultos a los ojos, y mucho menos correr si querían castigarte, ya que eso solo empeoraba las cosas.

Ahora comprendo que los padres a menudo transmiten de generación en generación formas de educar que, si bien pueden funcionar en cierta medida, también dejan cicatrices emocionales profundas. Muchas veces, estas prácticas nos dejan con sentimientos de rencor, tristeza, inseguridad y miedo arraigados dentro de nosotros.

Durante la mayor parte de mi infancia, hasta los 15 años, compartí mi hogar con mis padres, inmersa en las labores del campo y del hogar. Algunas veces mi tía Chuy me enseñaba habilidades prácticas como coser y bordar. Esta mujer excepcional, hermana de mi madre, fue mi guía y mentora durante esos años importantes de mi desarrollo.

A los 15 años, mi vida dio un giro cuando decidí mudarme con mi abuelito. Recuerdo vívidamente los días en que mi tía Chuy me llevaba a su casa, donde me enseñaba con dedicación y amor las tareas del hogar. Desde limpiar hasta cocinar, pasando por los quehaceres diarios, siempre estuvo a mi lado, siempre que pudo, cuidándome y enseñándome con paciencia y ternura.

Uno de los recuerdos más entrañables que guardo es ver a mi tía Chuy fumigando la milpa con una bomba rociadora. A pesar del olor penetrante del liquido fumigante, ella siempre se preocupaba por mi bienestar, asegurándose de que estuviera protegida. A mí solo me daba la mitad de la cantidad del líquido fumigador y le ponía un toque de *Coca-Cola* para mitigar el olor fuerte. Su amor y dedicación hacia mí nunca se me van a olvidar, y siempre estaré agradecida por sus enseñanzas y cuidados.

Mirando hacia atrás, puedo reconocer en mi vida la presencia de ángeles terrenales como mi tía Chuy. Ahora veo que, aunque a veces enfrentamos momentos difíciles, incluso dentro de nuestra propia familia, es importante mirar al pasado y reconocer cómo Dios nos guía a través de cada desafío, tomándonos de la mano en todo momento.

A menudo, algunos padres recurren a la disciplina física y a palabras duras como método de crianza, a veces sin darse cuenta del impacto que pueden tener en sus hijos. En mi propia experiencia, también enfrenté golpes e insultos por parte de mis padres. A medida que reflexiono sobre esos momentos, me doy cuenta de que quizás ellos no estaban conscientes del daño que causaban con su comportamiento.

Recuerdo claramente una ocasión en la que estaba jugando afuera, tratando de construir un avioncito con palitos que encontré a mi alcance. De repente, fui agarrada del pelo y recibí patadas, acusada de haber puesto en el suelo un plato con gorditas que habían hecho para vender, lo que provocó que el perro se las comiera. A pesar de decir la verdad, fui castigada injustamente.

Recuerdo sentir miedo y resentimiento, sin comprender cómo manejar esas emociones abrumadoras. Cada vez que se acercaba la hora de regresar a casa, ese nudo en el estómago se apoderaba de mí, anticipando lo que me esperaba. Los golpes y los insultos se convirtieron en una sombra constante en mi infancia, dejando marcas no solo en mi cuerpo, sino también en mi corazón. Con el tiempo, he trabajado en sanar esas heridas y entender a mis padres. Me di cuenta de que ellos también llevaban consigo sus propias cargas y traumas, y que su forma de criarme era un reflejo de sus propias experiencias.

Recuerdo claramente aquel momento en el que sentí que ya no pertenecía a mi hogar familiar. Busqué refugio en otra familia, conectándome con una señora y con su hija, a quienes pedí que me llevaran con ellas. Cuando mi madre finalmente vino por mí, sentí un miedo profundo, temiendo que viniera a regañarme o incluso a castigarme físicamente. Sin embargo, para mi sorpresa, me recibió con palabras amables y comprensivas, y me pidió que regresara a casa.

En ese momento, tuve el valor de expresar mi deseo de no seguir trabajando en el campo durante largas jornadas y de dejar de pisar tomates podridos para poder extraer sus semillas. Anhelaba una vida diferente, una en la que pudiera tener una muñeca, especialmente una Barbie rosita que siempre había deseado con todo mi corazón.

Aunque a veces recibíamos algunos juguetes usados, nunca tuve una muñeca bonita solo para mí. Recuerdo cómo, en lugar de ponerme triste ante la falta de juguetes, buscaba construir mis propias muñecas utilizando hojas de maíz, encontrando alegría y satisfacción en la creatividad y en la habilidad de mis propias manos. Esos momentos fueron una verdadera bendición, mostrándome que la felicidad y la diversión pueden encontrarse incluso en las circunstancias más simples y humildes.

Después de haber regresado a mi casa no duró mucho mi paz, ya que pronto comenzaron los problemas nuevamente, cuando me llegó mi período como una adolescente. Recuerdo que mi madre me decía que las mujeres habíamos nacido sólo para tener hijos y cambiar pañales. Confieso que nunca estuve de acuerdo con esa creencia. Dentro de mí había algo que me decía que eso no era cierto. Sin embargo, una gran parte de mi corta existencia renegué de ser mujer, porque me resistía a creer que merecíamos tener un futuro para solo tener hijos y limpiarlos. Yo creía que podía ser más productiva y que tenía la capacidad de crear otro tipo de vida.

Ahora que ya he sanado esa parte de mí, puedo compartir esta experiencia en mi libro para ayudar a otras personas que han pasado por situaciones similares. He aprendido la importancia de reconocer que las heridas familiares pueden dejar cicatrices profundas en nosotros, pero también que el perdón y la comprensión pueden ser el primer paso hacia la sanación y la paz interior.

Por supuesto que, como niña, al principio me resultaba difícil entender por qué tenía que soportar ese trato, levantarme a altas horas de la madrugada para trabajar duras jornadas y recibir constantes críticas. Sin embargo, con el tiempo he aprendido a ver las cosas desde una perspectiva diferente. Ahora puedo comprender que mis padres daban lo que tenían y actuaban según sus propias creencias sobre como criar a sus hijos. Es evidente que, a lo largo de las generaciones, el trato hostil hacia los hijos a veces se transmite como una herencia no deseada. Mis padres, al igual que los tuyos, y los de muchos otros, han llevado consigo sus propias cargas y limitaciones, y solo pueden dar lo que tienen en sus propias mochilas emocionales.

Después de haber pasado por mi proceso de sanación, he llegado a tener un profundo agradecimiento por la educación que recibí, a pesar de seguir pensando que no merecíamos ser tratados de esa manera. Aunque en su momento me causó mucho dolor, sufrimiento y frustración, ahora veo que es parte de mi historia y todo eso en conjunto me ha enseñado valiosas lecciones.

Ahora también puedo afirmar con seguridad, que he buscado romper con el ciclo de violencia, optando por una crianza más amorosa basada en la comunicación abierta y el respeto mutuo con mis propios hijos. Creo firmemente que el diálogo y el entendimiento son fundamentales para construir relaciones familiares saludables y positivas. A través del perdón y la aceptación de las limitaciones de mis padres, he encontrado sanación y la capacidad de mirar hacia un futuro lleno de esperanza y gratitud. Reconozco que, a pesar de los desafíos, Dios siempre coloca ángeles en nuestras vidas para ayudarnos a superar las adversidades y para encontrar la luz en medio de la oscuridad.

Capítulo 2
La Fe y la Gratitud como Pilares Sólidos en la Vida

"Confiando en Dios y agradeciendo por cada bendición".

En este capítulo, te invito a que exploremos juntos el increíble poder que la fe y la gratitud han tenido en mi vida, sirviendo como dos pilares sólidos que me han sostenido incluso en los momentos más difíciles. Desde mi infancia, como ya te he compartido, he atravesado senderos llenos de desafíos que han puesto a prueba mi fuerza y mi determinación. Recuerdo esos días oscuros donde el miedo era parte de mi vida, donde la incertidumbre y la falta de apoyo emocional me envolvían como una nube gris. Pero aún, en medio de esa oscuridad, siempre hubo una luz que guiaba mi camino, incluso sin que yo me diera cuenta, y esa era la esperanza de vivir una vida mejor.

Recuerdo como si fuera ayer la dulce voz de mi tía Chuy elogiándome en la cocina, diciéndole a alguien que yo era muy hábil para limpiar. Sus palabras eran como música para mis oídos, y sin saberlo, sembró semillas de confianza y gratitud en mi corazón. A lo largo del tiempo, esas semillas han florecido, incluso en los momentos difíciles en los que la vida parece desafiante. Reconozco ahora el valor de las personas que siembran esperanza y ánimo en nuestras vidas, aquellos que están dispuestos a brindar una sonrisa y decirnos que todo estará bien. La gratitud y la fe se han convertido en pilares fundamentales en mi vida, llenándome de esperanza y amor. Agradezco a mi tía Chuy y a todas las personas que me han brindado su apoyo, y ahora deseo extender esa misma bondad a quienes me rodean.

A pesar de todo lo que he enfrentado, he mantenido una fe en algo más grande que yo misma. Aunque no todo el tiempo fue así, ahora sé que mi fe ha sido como un faro en medio de la tormenta, proporcionándome esperanza y fortaleza cuando más lo necesitaba. A través de ella, he encontrado la fuerza para seguir adelante, incluso cuando todo parecía perdido. He aprendido a confiar en un plan más grande que el mío propio, a creer en la posibilidad de un futuro mejor, incluso en los momentos más oscuros.

Reconozco que la fe es un pilar crucial en el que podemos fundamentar nuestras vidas. Así también lo es la gratitud que desempeña un papel sumamente significativo en el camino hacia la sanación, el crecimiento personal y el fortalecimiento espiritual. A pesar de las dificultades, he aprendido a encontrar belleza en las pequeñas cosas, a valorar cada momento de alegría y cada bendición, por mínima que ésta sea. La gratitud me ha enseñado a ver el vaso medio lleno en lugar de verlo medio vacío, y a enfocarme en lo positivo incluso en medio de la adversidad.

Juntas, la fe y la gratitud han sido como rocas sólidas cuando las olas golpean duro mi vida. Han sido mi refugio en tiempos de tormenta, mi fuerza en tiempos de debilidad. A través de mi historia, te comparto el poder transformador de estos dos pilares fundamentales y cómo pueden ser la base para una vida llena de significado, esperanza y propósito.

La fe es un pilar fundamental en la vida, especialmente en tiempos difíciles o cuando enfrentamos desafíos abrumadores. En el contexto de una infancia desvalida, la fe puede ofrecer esperanza y consuelo, brindando la creencia de que hay algo más grande y poderoso que nos acompaña y nos guía.

Por ejemplo, la fe puede manifestarse en la creencia de que hay un propósito más elevado detrás de nuestras experiencias, incluso cuando no entendemos completamente por qué estamos pasando por momentos difíciles. En una infancia marcada por la adversidad, la fe puede ser la luz que brilla en la oscuridad, recordándonos que no estamos solos y que hay un plan para nosotros más allá de nuestras circunstancias actuales.

Además, la fe puede fortalecer la resiliencia emocional y ayudarnos a superar situaciones difíciles. Cuando confiamos en que hay un poder superior que cuida de nosotros, podemos encontrar la fuerza para enfrentar los desafíos con valentía y determinación, sabiendo que no estamos solos en nuestro camino.

La fe también puede inspirarnos a mantener la esperanza y la positividad, incluso en medio de la adversidad. Nos permite creer en la posibilidad de un futuro mejor y nos impulsa a seguir adelante, a pesar de los obstáculos que estemos enfrentando.

En sí, la fe es un pilar importante en la vida de aquellos que han experimentado una infancia desvalida, ya que proporciona consuelo, esperanza y fortaleza emocional para superar los desafíos y seguir adelante hacia un futuro más brillante.

Por otro lado, la gratitud, como pilar sólido en la vida, es una virtud fundamental que nos permite reconocer y valorar las bendiciones, así como las oportunidades y experiencias positivas que encontramos en nuestro camino. Es un estado de aprecio y reconocimiento hacia todo lo que hemos recibido, tanto de los demás como de la vida misma. Al cultivar la gratitud, desarrollamos una perspectiva más positiva y optimista ante los desafíos y adversidades que enfrentamos, lo que nos ayuda a mantenernos resilientes y a encontrar sentido y propósito a nuestras experiencias.

La práctica de la gratitud implica tomar conciencia de las pequeñas cosas cotidianas que a menudo pasan desapercibidas, como un amanecer, una sonrisa amable, una comida nutritiva o un gesto de amabilidad. Al detenernos y reflexionar sobre estas pequeñas bendiciones, podemos experimentar un profundo sentido de alegría y satisfacción interior. Además, la gratitud nos ayuda a enfocarnos en lo que tenemos en lugar de lo que nos hace falta, lo que promueve la satisfacción y la felicidad en nuestro existir.

Cuando somos agradecidos se fortalecen también nuestras relaciones con otras personas, fomentando una conexión emocional y el reconocimiento mutuo. Expresar gratitud hacia los demás no solo fortalece los lazos afectivos, sino que también promueve un clima de confianza, respeto y reciprocidad. Practicar la gratitud nos permite vivir en el presente, conectándonos con la abundancia y la plenitud que ya están presentes en nuestras vidas. Solo requiere que abramos los ojos y nos enfoquemos en lo que nos rodea, contando nuestras bendiciones y disfrutando de los regalos que Dios pone diariamente a nuestra disposición.

La gratitud como un pilar en la vida nos invita a cultivar una actitud de aprecio y reconocimiento hacia todas las experiencias, personas y circunstancias que enriquecen nuestro camino. Al desarrollar esta virtud, podemos experimentar una mayor felicidad, plenitud y bienestar en nuestra vida diaria, al enfocarnos en lo bueno que nos ofrece la vida, en lugar de magnificar lo malo. Esto nos permite apreciar cada momento y encontrar alegría en las pequeñas cosas, cultivando así una actitud positiva y fortaleciendo nuestro carácter a través de los desafíos.

En las Escrituras, encontramos enseñanzas que resaltan la importancia de la fe y la gratitud en la vida de los creyentes. Por ejemplo, se relata cómo Jesús sanó a diez leprosos, pero solo uno regresó para expresar su gratitud. Esta historia nos muestra cómo la gratitud es fundamental, y cómo incluso Jesús destacó su importancia. Además, se nos invita a dar gracias por todo, lo que implica una actitud constante de agradecimiento en todas las circunstancias. La definición de la fe como la certeza de lo que se espera, y la convicción de lo que no se ve, nos muestra cómo la fe va más allá de lo que nuestros ojos pueden ver, y lo que nuestras manos pueden tocar, basándose totalmente en la confianza en Dios. Finalmente, se nos asegura que todas las cosas y las circunstancias que vivimos ayudan para bien a aquellos que aman a Dios, lo que nos brinda consuelo y nos anima a confiar en Su plan, incluso en momentos de dificultad.

Para mí, conectar con la fe y la gratitud es fundamental en mi vida. Estos valores son como pilares que sostienen mi bienestar emocional y espiritual. La fe es la confianza en algo más grande que yo, una creencia en un poder superior que guía mi camino y me brinda esperanza incluso en los momentos más difíciles. Por otro lado, la gratitud me da la capacidad de reconocer y apreciar las bendiciones que tengo en mi vida, desde las más simples hasta las más significativas. Es cultivar un corazón agradecido por todo lo que tengo y por las experiencias que me hacen crecer como persona. En conjunto, la fe y la gratitud me brindan fuerza, paz interior y una perspectiva positiva ante la vida, permitiéndome enfrentar los desafíos con valentía y encontrar alegría en cada experencia.

Recuerdo con claridad los días de mi infancia y adolescencia, momentos que dejaron una marca profunda en mi vida y en mi forma de ver el mundo. Al reflexionar sobre mi camino, se me despertó el deseo de compartir mi historia con aquellos que aún pueden estar luchando con el peso del pasado. Para mí, la fe y la gratitud son como rayos de luz que han penetrado las sombras más oscuras de mi corazón, trayendo consuelo y sanación a las heridas que alguna vez me hicieron sufrir.

Cada recuerdo de mi niñez trae consigo la imagen de una niña confundida, tratando de encontrar sentido en un mundo que a veces parecía injusto e impredecible. Sin embargo, también recuerdo el amor y la comprensión que la madre de mi mejor amiga me transmitió, y el trato dulce de mi tía Chuy, siendo ese un legado de cariño que ha influido profundamente en mi forma de criar a mis propios hijos. Reconozco la importancia de enfrentar nuestras emociones más difíciles, liberándonos del resentimiento y la amargura que pueden consumirnos desde adentro.

Mi tía Chuy poseía una sabiduría muy peculiar que se manifestaba en las palabras que compartía. Una de sus frases que aún resuena en mi corazón es: "La queja atrae pobreza y la gratitud abundancia". Esta simple pero profunda reflexión ha dejado una huella imborrable en mí y en aquellos a quienes se las he compartido. Nos recuerda el poder transformador de la gratitud y cómo nuestro enfoque puede influir en la abundancia que experimentamos en nuestras vidas. Esta frase nos invita también a prestar atención a cómo la gratitud puede verdaderamente transformar nuestra existencia para bien, al igual que el impacto negativo de enfocarnos exclusivamente en la queja, puede afectar nuestra vida para mal.

Cada experiencia, por más difícil que sea, tiene un propósito en nuestra vida. Cuando nos conectamos con esta verdad, descubrimos un conocimiento valioso que nos ayuda a crecer y a encontrar la paz en medio de las circunstancias difíciles.

Aprender a perdonar y dejar ir el dolor del pasado es un acto de amor propio y una muestra de valentía. Con el paso del tiempo he podido disfrutar de la compañía de personas que valoran mi presencia, y cada paso en este viaje de sanación me ha acercado un poco más a la paz interior y a la sabiduría que proviene de la adversidad. Escribir estas páginas ha sido parte esencial de mi proceso de sanación, permitiéndome trascender mis heridas y encontrar un propósito más profundo en cada desafío que he enfrentado.

Capítulo 3
Apreciando las Bendiciones Cotidianas

"En los pequeños detalles encontramos grandes razones para estar agradecidos".

Comienza cada día con un corazón abierto y una mente receptiva, y te sorprenderás de la abundancia de bendiciones que te rodean. En este capítulo, exploraremos el arte de apreciar las bendiciones cotidianas, que a menudo pasan desapercibidas en medio del ajetreo de la vida. Como bien dice esta frase, "En los pequeños detalles encontramos grandes razones para estar agradecidos".

Te invito a comenzar cada jornada con la disposición de ver más allá de lo que tus ojos pueden ver, con la certeza de que cada instante guarda un regalo oculto. Cuando practicamos el adentrarnos en el maravilloso arte de reconocer y valorar las bendiciones que nos rodean en nuestra vida diaria, descubrimos esas pequeñas joyas que suelen escapar a nuestra atención en medio de las prisas. Es en la práctica de esta gratitud donde hallamos la clave para abrir las puertas de la plenitud y la felicidad en nuestra vida.

La vida moderna nos somete a un ritmo acelerado, donde las demandas del trabajo, las responsabilidades familiares y las presiones sociales pueden nublar nuestra visión y alejarnos de la verdadera esencia de la existencia. En medio de este torbellino, es fácil perder de vista las pequeñas alegrías y los momentos de gracia que se presentan en nuestro camino. Sin embargo, detenernos por un momento y sintonizarnos con el flujo de la vida nos permite descubrir la belleza que nos rodea.

Cada amanecer nos regala la oportunidad de comenzar de nuevo, de emprender un nuevo día con renovadas esperanzas y sueños por cumplir. El simple hecho de despertar y respirar profundamente el aire fresco de la mañana es motivo suficiente para estar agradecidos. Observar el resplandor del sol al elevarse sobre el horizonte, ver el mar a lo lejos, la nieve en las montañas, o el suave soplar del viento entre las hojas de los árboles nos invita a conectarnos con la naturaleza y a apreciar la maravilla de la creación.

En nuestra rutina diaria, también encontramos bendiciones disfrazadas de tareas cotidianas y encuentros comunes. El aroma del café recién hecho que nos acaricia los sentidos, el abrazo cálido de un ser querido al comenzar el día o el simple gusto de saborear un desayuno nutritivo, son pequeños momentos de felicidad que pueden pasarnos desapercibidos si no estamos atentos. Un abrazo de tu hijo, la risa de tu bebé, el ladrido de tu perro, el canto de un pajarillo, son regalos que Dios te ofrece diariamente pero que podemos ignorar si no estamos poniendo atención.

La convivencia con los demás también nos brinda innumerables oportunidades para practicar la gratitud. Cada sonrisa, cada gesto de amabilidad y cada palabra de aliento que recibimos de nuestros seres queridos, o incluso de extraños en la calle, nos recuerdan la bondad de la humanidad, y nos inspiran a ser mejores personas.

Incluso en los momentos difíciles y los desafíos que enfrentamos en la vida, podemos encontrar motivos para estar agradecidos. Las lecciones aprendidas en tiempos de adversidad, la fortaleza que surge de superar obstáculos, y el apoyo incondicional de aquellos que nos rodean, son verdaderas bendiciones que nos ayudan a crecer y evolucionar como individuos.

En realidad, al practicar la gratitud se nos invita a abrir nuestros corazones y mentes a la belleza, y la abundancia que nos rodea en cada momento de nuestras vidas. Al reconocer y apreciar las bendiciones cotidianas, cultivamos una actitud de alegría, paz y satisfacción que nos guía hacia una vida plena y significativa.

Es hermoso para mi recordar ese momento en el que me vi sentada frente a la ventana de un avión, rumbo a un nuevo capítulo de mi vida. Tenía apenas 15 años cuando mi abuelo materno me obsequió un boleto de avión para ir a vivir con ellos a Tijuana. Fue un gesto que llenó mi corazón de alegría y gratitud, pues mi abuelo siempre fue en mi vida un pilar de apoyo, cuidado y amor. Su influencia dejó una huella imborrable en mí, enseñándome el valor del trabajo, la importancia de la unión familiar y el respeto mutuo.

Después de una infancia marcada por la dificultad, la adolescencia me trajo momentos de felicidad y esperanza. Fue entonces cuando comencé a soñar con una vida mejor, inspirada por el amor y la dedicación de mi abuelo.

Con el transcurso del tiempo, he llegado a comprender que no son los eventos en sí los que determinan cómo nos sentimos, sino nuestra respuesta ante ellos. Dos personas pueden enfrentar la misma experiencia, pero una la superará, aprenderá y seguirá adelante, mientras que la otra podría quedarse atrapada en el enojo, la frustración y el resentimiento, viviendo en la infelicidad durante años. Cuando no valoramos ni apreciamos los pequeños detalles de la vida cotidiana, cuando fallamos en agradecer y reconocer esas pequeñas bendiciones que la vida nos ofrece cada día, estamos condenándonos a una existencia insatisfecha.

Hoy estoy aquí para decirte que nunca es demasiado tarde para encontrar la felicidad, incluso reinterpretando nuestras experiencias pasadas. He aprendido que puedo transformar esos momentos difíciles de mi infancia en experiencias maravillosas si decido enfocarme en lo positivo. Al cambiar la forma en que veo mis recuerdos, también cambio la forma en que me siento. Al realizar este cambio, también puedo influir en mi entorno y en las personas que me rodean.

Para las madres y esposas, es crucial estar conscientes de cómo nuestro estado de ánimo y nuestra actitud pueden impactar el ánimo de nuestros hijos y de nuestra pareja. Es cierto que cuando una madre se siente mal, el ambiente en casa también se ve afectado. Por eso, nosotras como madres debemos ser conscientes de la influencia que ejercemos sobre nuestros hijos y sobre quienes nos rodean. Aprender a ver la vida desde una perspectiva diferente, y recordar el valor de apreciar todo a nuestro alrededor, puede marcar una gran diferencia en nuestras vidas, y en la de nuestra familia y seres queridos.

Hoy en día, disfruto enormemente de actividades simples pero significativas junto a mis hijos. Desde hornear galletas juntos, preparar postres especiales, hasta cocinar su comida favorita, todos ellos son momentos que atesoro profundamente. También me encanta pasar tiempo con mi esposo y con ellos en el parque, viéndolos disfrutar y jugar deportes. Estas experiencias cobran un valor aún mayor desde que aprendí a ver la vida de una forma distinta. Después de enfrentar mi enfermedad, de la cual hablaré más adelante, cada momento compartido con mis seres queridos se vuelve aún más preciado.

Después de haber pasado por tantos retos y situaciones dolorosas en mi vida, he aprendido a apreciar los pequeños detalles y a valorar los momentos que hacen que nuestra vida sea más especial. Mi esposo ha sido una parte fundamental en este proceso, ya que su apoyo en el hogar, en los negocios, y en la realización de nuestros sueños, ha sido invaluable. Sus palabras de aliento y su reconocimiento hacia mí como esposa, y como persona, me han hecho sentir que todos los desafíos que he enfrentado han valido la pena.

Cuando mi esposo me elogia por mis habilidades culinarias o me expresa su aprecio y gratitud, siento un profundo sentido de realización. Su presencia en mi vida me ha enseñado que el verdadero compañerismo, y el apoyo mutuo pueden llenar nuestros días de un agradecimiento sincero y profundo.

Para aquellos que están enfrentando situaciones difíciles, ya sea maltrato, crisis matrimoniales o retos con los hijos, quiero compartirles que el poder de la oración y la conexión con lo divino pueden ser fuente de consuelo y fortaleza. Al acercarnos a un nivel más profundo con Dios, podemos encontrar la guía y el apoyo necesarios para superar cualquier desafío y encontrar la paz en medio de la adversidad.

Contar nuestras bendiciones y valorar los pequeños detalles de nuestra vida, puede tener un impacto transformador en nuestro bienestar emocional y mental. Cuando nos enfocamos en lo que tenemos en lugar de lo que nos falta, cambiamos nuestra perspectiva, y cultivamos una actitud de gratitud que nos permite sentirnos más plenos y satisfechos con nuestras vidas.

Al practicar la gratitud, comenzamos a notar y apreciar las pequeñas cosas que a menudo pasan desapercibidas en nuestra rutina diaria. Desde el calor del sol en nuestra piel hasta el aroma del rocío por la mañana, estos pequeños detalles se convierten en recordatorios constantes de las muchas bendiciones que tenemos para agradecer.

Este enfoque en la gratitud nos ayuda a enfrentar los momentos difíciles con una mayor resiliencia y optimismo. Cuando atravesamos desafíos o crisis, recordar las cosas por las que estamos agradecidos puede ser una fuente de consuelo y fortaleza. Nos permite encontrar la luz en la oscuridad y mantenernos enfocados en lo positivo incluso cuando enfrentamos adversidades.

Además, practicar la gratitud nos ayuda a cultivar una mentalidad de abundancia en lugar de escasez. En lugar de enfocarnos en lo que nos falta o en lo que no hemos logrado, nos centramos en lo que ya tenemos y en las posibilidades que nos ofrece el presente. Esto nos permite sentirnos más empoderados y capaces de enfrentar cualquier desafío que se presente en nuestro camino.

En resumen, la práctica de la gratitud nos ofrece una poderosa herramienta para elevar nuestra experiencia de vida. Al cultivar una actitud de agradecimiento, podemos experimentar una mayor satisfacción y alegría, incluso en medio de los desafíos. Encontramos belleza y significado en cada momento, nutriendo nuestro bienestar emocional y mental. Además, la gratitud nos conecta con un sentido de propósito y plenitud más profundo, permitiéndonos vivir de manera más consciente y significativa.

Capítulo 4
Los Desafíos Fortalecen la Fe

"Cada obstáculo es una oportunidad para fortalecer nuestra conexión con lo divino".

Durante mucho tiempo, yo misma estuve atrapada en el ciclo de la queja, reviviendo una y otra vez las experiencias dolorosas de mi infancia. Sin embargo, llegó un momento de mi vida en que me di cuenta, que me debía a mí misma el encontrar la alegría de vivir, el apreciar cada momento presente y estar agradecida por todo lo que tengo. Fue entonces cuando comencé a conectar con la verdad fundamental de que la vida es un regalo sagrado, una oportunidad preciosa que mis padres me brindaron al traerme a este mundo. A partir de ese momento, decidí dejar de vivir en la amargura del pasado y empecé a valorar cada experiencia, cada momento compartido con mis hijos, mi esposo y las personas que aprecio. En lugar de lamentarme por lo que no tuve, comencé a celebrar lo que sí tengo y agradecer a mis padres por darme la vida.

En la travesía de nuestra historia, nos enfrentamos a una variedad de desafíos que ponen a prueba nuestra fe y determinación. En este capítulo, te comparto cómo cada obstáculo, por difícil que parezca, puede ser visto como una oportunidad para fortalecer nuestra conexión con lo divino y cultivar una fe aún más profunda.

Los desafíos son parte inevitable de la experiencia humana. Desde enfrentar pérdidas y dificultades financieras hasta lidiar con enfermedades y relaciones complicadas, cada desafío nos reta a crecer y evolucionar como individuos. En lugar de ver estos obstáculos como algo insuperable, podemos optar por verlos como oportunidades para aprender, crecer y fortalecernos.

Cuando nos encontramos en medio de la adversidad, es fácil sentirnos desesperados y desanimados. Sin embargo, es en esos momentos de lucha que nuestra fe es puesta a prueba y tenemos la oportunidad de profundizar nuestra conexión con lo divino. Al enfrentar los desafíos con valentía y determinación, demostramos nuestra confianza en algo más grande que nosotros mismos y reconocemos que no estamos solos en nuestro viaje.

La fe no es solo creer en un poder superior, sino también confiar en que incluso en los momentos más oscuros, hay una luz al final del túnel. Al mantenernos firmes en nuestra fe durante los tiempos difíciles, cultivamos una sensación de esperanza y optimismo que nos impulsa hacia adelante incluso cuando las cosas parecen sombrías.

Los desafíos también nos brindan la oportunidad de reflexionar sobre nuestras propias fortalezas y debilidades. Nos obligan a cuestionar nuestras creencias y a crecer en sabiduría y comprensión. En lugar de resistirnos a los desafíos, podemos abrazarlos como oportunidades para descubrir nuestra verdadera naturaleza y desarrollar una fe más sólida y resiliente.

Cada obstáculo que enfrentamos en la vida es una oportunidad para fortalecernos y crecer espiritualmente. Al abrazar los retos con coraje y determinación, podemos encontrar consuelo y confiar en que incluso en los momentos más difíciles estamos siendo guiados y sostenidos por una fuerza mayor que nosotros mismos.

Hoy puedo afirmar con certeza que desde mi infancia he enfrentado desafíos que me han llevado más allá de mis propias capacidades. He experimentado la frustración, la duda, la incertidumbre, la tristeza, la desesperanza y el miedo, entre otras emociones, que he tenido que superar. A lo largo de mi vida, he atravesado momentos que incluso he percibido como injustos y de los cuales me he quejado, aunque a veces solo haya sido en silencio. Reconozco que en ocasiones he tenido pensamientos negativos que han afectado mi estado emocional y han intensificado mis dificultades.

Comprendo que cuando experimentamos miedo, podemos reprimirlo y mantenerlo guardado durante mucho tiempo, lo que inconscientemente puede causarnos daño. Este miedo reprimido puede manifestarse en nuestra vida de diversas formas, generando bloqueos, enfermedades e inseguridades que nos impiden avanzar y vivir una vida plena, significativa y en paz. Es importante reconocer y abordar estos miedos para poder sanar y liberarnos de su influencia negativa.

Conectar con la realidad de que otras personas enfrentan desafíos similares en sus vidas, nos invita a ser más compasivos y a comprender, que aquellos que nos han herido, también pueden estar lidiando con sus propias heridas. Al reconocer esto, podemos adoptar una perspectiva de perdón y empatía hacia aquellos que nos han hecho daño.

Es crucial dedicar tiempo a reflexionar sobre esto para liberarnos del peso del juicio y el dolor, y así poder alcanzar una comprensión más profunda y adquirir la sabiduría que esta experiencia puede ofrecernos. En lugar de permitir que el resentimiento y la amargura nos consuman, podemos encontrar un camino hacia la paz interior y la sanación. A lo largo de mi vida, he aprendido la importancia de ser comprensivos no solo con nuestros padres, sino también con todas aquellas personas que, en un momento u otro, nos han causado daño. Ya sea que se trate de familiares, amigos, parejas o exparejas, reconocer y procesar las heridas emocionales es un paso crucial hacia nuestra propia liberación y crecimiento personal.

En la travesía de la vida, nos encontramos con una serie de piedras que ponen a prueba nuestra fe y nuestra fortaleza interior. Estos desafíos pueden presentarse en diversas formas, como pérdidas de seres queridos, dificultades financieras, problemas de salud o conflictos familiares o personales. Sin embargo, en lugar de verlos como obstáculos insuperables, podemos percibirlos como oportunidades para fortalecer nuestra fe y nuestra conexión con lo divino.

Los desafíos nos confrontan con nuestras propias limitaciones y nos invitan a crecer y evolucionar como seres humanos. En momentos de adversidad, es natural cuestionar nuestra fe y preguntarnos por qué estas pruebas han llegado a nuestras vidas. Sin embargo, es precisamente en estos momentos difíciles donde nuestra fe se pone a prueba y se fortalece.

Hace muchos años, viví carencias extremas que dejaron una profunda impresión en mí. Recuerdo cómo, junto con mi hermano menor, contábamos cada monedita para poder comprar unos tacos, y cómo anhelábamos el delicioso aroma de la birria que un señor vendía cerca de nuestra casa. Hubo una ocasión en la que pasé por ahí sin dinero y solo pude admirar la birria desde lejos. Pero un gesto de generosidad y bondad cambió todo.

El señor que vendía la birria me detuvo y, notando mi deseo por su comida, me ofreció un poco sin esperar nada a cambio. Al principio, dudé en aceptar, pero su insistencia y amabilidad me conmovieron profundamente. Aquel acto generoso sembró en mi corazón una semilla de agradecimiento que aún hoy florece.

Desde entonces, he regresado una y otra vez al puesto de birria, no tanto por la comida en sí, sino por el recuerdo de aquel gesto desinteresado que cambió mi perspectiva sobre la generosidad y la gratitud. Esa experiencia me enseñó que incluso en los momentos más difíciles, hay razones para agradecer y que un simple acto de bondad puede tener un impacto duradero en la vida de alguien.

Por eso, hoy en día, siempre trato de cultivar la gratitud en mi vida, reconociendo y valorando las bendiciones, por pequeñas que sean. Aprendí que la gratitud no solo nos llena de alegría y aprecio por lo que tenemos, sino que también nos conecta con los demás de una manera más profunda y significativa.

Al enfrentar lo que la vida trae consigo con valentía y determinación, demostramos nuestra confianza en algo más grande que nosotros mismos.

Nos aferramos a la creencia de que hay un propósito más elevado detrás de nuestras luchas, y que estamos siendo guiados y sostenidos por una fuerza divina. Esta fe nos da la fuerza y la esperanza necesarias para superar cualquier obstáculo que se nos presente.

Además, todo lo que nos cuesta trabajo nos brinda la oportunidad de reflexionar sobre nuestras creencias, nuestras habilidades y nuestros valores fundamentales. Nos obliga a profundizar en nuestra espiritualidad y a buscar respuestas más allá de lo superficial. En lugar de caer en el desaliento, podemos utilizar estos momentos como una oportunidad para crecer en sabiduría y comprensión.

Es importante recordar que los desafíos no son indicativos de un castigo divino, sino más bien de una oportunidad de crecimiento y transformación. Al abrazar los desafíos con una mente abierta y un corazón valiente, podemos encontrar consuelo en nuestra conexión con un poder superior que nos ama, y podemos confiar en que estamos siendo guiados en el camino correcto.

En el mejor de los casos, los desafíos fortalecen nuestra fe al recordarnos que somos capaces de superar cualquier adversidad con la ayuda de Dios. Nos enseñan a confiar en el proceso de la vida y a encontrar paz y consuelo en medio de las tormentas. Al enfrentar los desafíos con una actitud de gratitud y aceptación, podemos cultivar una fe que sea inquebrantable y duradera.

Cada experiencia que atravesamos en la vida ya sea positiva o negativa, tiene el potencial de moldearnos y fortalecernos de alguna manera. Incluso las personas que nos han herido o retado en nuestro camino pueden enseñarnos lecciones valiosas y ayudarnos a crecer si las miramos desde una perspectiva diferente.

Tú y yo, al igual que todos, tenemos un diamante dentro de nosotros, una fuerza interna que nos impulsa a seguir adelante a pesar de los obstáculos. Aunque en ocasiones nos sintamos lastimados por las acciones de los demás, es importante recordar que todas esas experiencias pueden servirnos para bien si las enfrentamos con fe, esperanza y gratitud.

Recuerdo las palabras de alguien que me dijo que cuando avanzamos por el camino haciendo el bien, es posible que enfrentemos la resistencia de aquellos que se sienten amenazados por nuestro progreso. Nos lanzarán piedras, nos criticarán y nos desalentarán, pero aun así debemos perseverar. Incluso si una de nuestras "patitas" está lastimada, podemos seguir avanzando con la otra. Incluso si nos "golpean un ala", podemos intentar volar, superando el dolor y la adversidad con determinación y fortaleza interior.

Es importante comprender que aquellos que nos lastiman también están heridos de alguna manera. Podemos convertirnos en una fuente de amor y compasión para ellos, incluso mientras nos esforzamos por sanar nuestras propias heridas y seguir avanzando hacia una vida plena y significativa.

La vida me ha enseñado la importancia de discernir a quién escuchamos, comprendiendo que oír no es lo mismo que escuchar, ya que escuchar implica dejar que las palabras penetren en nuestro corazón. En ocasiones, es necesario hacer oídos sordos a palabras necias para protegernos, pero al mismo tiempo debemos recordar que todas las personas merecen ser escuchadas y validadas.

Aunque algunos carezcan de amor para dar, podemos ser una fuente de amor para ellos, recordando las palabras de Jesucristo sobre responder al mal con bondad y amor. Mateo 5:39 nos enseña: "Pero yo les digo: No se enfrenten a quien les haga daño. "Si alguien te da una bofetada en la mejilla derecha, ofrécele también la otra." Este pasaje nos invita a practicar la compasión, a fortalecer nuestra fe a través de los desafíos y a buscar la reconciliación en lugar de la venganza, incluso cuando enfrentamos dificultades con personas que nos lastiman. Nos recuerda que responder al mal con bondad y amor es una muestra de fortaleza interior y una forma de promover la paz y la armonía en nuestras relaciones y en el mundo que nos rodea.

Capítulo 5
El Poder de la Oración

"En la comunión con Dios,

encontramos la paz y la claridad que necesitamos".

En el agitado paso de nuestra vida cotidiana, a menudo nos encontramos buscando un refugio de calma en medio del caos. En esos momentos de confusión, la oración se convierte en un faro de luz que nos guía hacia la serenidad y la claridad mental. En este capítulo, exploraremos el profundo poder transformador de la oración, y cómo esta práctica puede enriquecer nuestras vidas de maneras que nunca imaginamos.

La oración es un diálogo con lo divino. Es el acto de comunicarnos con Dios, el universo o como tu concibas la divinidad. A través de la oración, expresamos nuestras preocupaciones, agradecimientos, deseos y aspiraciones más profundos. Es un acto de humildad y entrega, en el que reconocemos nuestra propia limitación y dependencia de algo más grande que nosotros mismos.

Desde mi perspectiva como terapeuta y homeópata, quiero compartir la importancia que le doy a la oración, especialmente cuando enfrentamos momentos de mucho estrés y preocupación en nuestras vidas.

Para mí, la práctica de la oración es como un bálsamo para el alma. Nos permite conectarnos con algo más grande que nosotros mismos, ya sea una fuerza divina o incluso, con nuestra propia sabiduría interior. Cuando oramos, podemos encontrar consuelo y esperanza, y podemos dejar ir las preocupaciones, confiando en que todo saldrá bien.

Me he dado cuenta de que, tanto la oración como la meditación, son fundamentales para mi bienestar emocional y mental. Me ayudan a manejar el estrés y la preocupación, y me permiten cultivar un sentido de paz interior y un equilibrio en mi vida. Desde mi experiencia como terapeuta, he visto cómo estas prácticas pueden tener un impacto positivo en la salud y en el bienestar de las personas.

Cuando pienso en la oración, recuerdo momentos de mi vida en los que no estaba familiarizada con su poder. Recuerdo muy bien que el día de mi cumpleaños número 23, cuando recibí los resultados de mis exámenes de salud, y me informaron que tenía cáncer de tiroides, experimenté una oleada de enojo hacia Dios. No entendía por qué, después de todos los sufrimientos que ya había enfrentado desde mi niñez, aún tenía que lidiar con uno más devastador, que desafiaba todas mis fuerzas. El solo escuchar la palabra "cáncer", hizo que un gran sentimiento negativo se apoderara de mi mente y de todo mi ser. Como madre y embarazada de mi tercer bebé, el peso de la noticia me hundió de tal manera que salí del consultorio sin rumbo y sin saber qué hacer.

Puedo decirte que, si hubiera conocido el poder de la oración en ese momento, y sabiendo lo que ahora sé, quizás mi reacción habría sido diferente. Aunque muy seguramente no habría desaparecido del todo el peso de la noticia, estoy segura de que habría encontrado apoyo y esperanza en el consuelo y la conexión con lo divino. Para quienes tienen fe, incluso en momentos de desesperación, el poder de la oración puede proporcionar un ancla de fortaleza y paz interior. Sin embargo, cuando carecemos de ese conocimiento y conciencia, la desesperanza puede golpearnos con una fuerza abrumadora.

Desolada, triste, enojada, temerosa, carente de fe y esperanza, nunca imaginé, en aquel entonces, que esta experiencia me llevaría a sentir la profunda empatía que siento hoy, por aquellas mujeres que enfrentan un diagnóstico de cáncer, y otras enfermedades potencialmente terminales. Les confieso que aún me resulta difícil procesar el impacto de algunos casos, que parten mi corazón, y me sacan las lágrimas. Sabemos que somos el personal encargado de sostener y contener a los enfermos, sin embargo, también nosotros, a veces necesitamos tomarnos un momento para llorar, sacar la emoción y fortalecernos para seguir ayudando a los que están pasando por una enfermedad.

Sin lugar a duda, a veces nos cuesta ser fuertes, porque las historias de las personas que ayudamos nos tocan profundamente nuestras fibras más sensibles. Con todo y eso, estamos aquí para redoblar nuestros esfuerzos de seguir levantando a aquellos que más lo necesitan, fortaleciendo sus rodillas y ofreciendo nuestro apoyo incondicional.

Con la noticia de mi diagnóstico el miedo me paralizó, especialmente al pensar en mis hijos y mi bebé que venía en camino; la incertidumbre sobre nuestro futuro me llenó de ansiedad y desesperanza, sentí como si clavaran una estaca en mi corazón y me impidiera respirar. Cada paso en el hospital aumentaba mi angustia, y me encontré atrapada en un ciclo de negatividad, desesperación y queja, porque me sentía incapaz de visualizar una salida.

Al recibir el impactante diagnóstico de cáncer de tiroides, en mi cumpleaños, como comprenderás, la experiencia fue aún más abrumadora. Nunca olvidaré el momento en que la doctora tomó mi mano y me miró a los ojos con compasión. Sus palabras resonaron en mi mente: "Kimberly, tienes cáncer de tiroides. Sé que esto puede ser difícil de asimilar, pero quiero que sepas que no estás sola".

En ese instante, sentí un escalofrío recorrer todo mi cuerpo de pies a cabeza. Mis emociones se agolparon en mi interior, dejándome completamente bloqueada. Aunque intenté responder, no pude articular ni una sola palabra. Simplemente solté la mano de la doctora y salí caminando por los pasillos del hospital, sin rumbo, tratando de procesar lo que acababa de escuchar.

Por dentro, experimentaba un torbellino de emociones que no podía controlar. La noticia me dejó en un estado de completa confusión, mientras luchaba por comprender la magnitud de lo que significaba ese diagnóstico para mi vida, la de mis hijos y la de mi bebé por nacer.

Durante ese período, con cinco meses de embarazo, era absolutamente abrumador el pensamiento de enfrentar la quimioterapia, mientras cargaba a mi bebé en el vientre. Como madre de dos hijos pequeños que ya me necesitaban, la noticia tenía un nivel adicional de dolor, que me resultaba muy difícil de procesar. Sin embargo, con el pasar del tiempo, llegué a comprender cómo Dios nunca nos abandona, e incluso en los momentos más oscuros.

En medio del enojo y la confusión, a veces es difícil ver las señales de la presencia de Dios a nuestro alrededor. Pero a medida que avanzaba mi viaje por las aguas turbulentas, comencé a reconocer los pequeños milagros y las bendiciones que se presentaban en el camino. Descubrí que, justo en los momentos de mayor desesperación, Dios siempre envía ángeles para guiarnos y sostenernos.

La experiencia me enseñó que nuestras debilidades pueden convertirse en oportunidades para acercarnos más a Dios. A través del dolor y la resistencia, aprendemos a humillarnos ante Él, derribamos nuestras barreras, nos abrimos a Su guía, y anhelamos sentir Su amor incondicional. Aunque a veces la ira y la desesperanza pueden nublar nuestra visión, ahora sé que la mano de Dios siempre está extendida hacia nosotros, lista para guiarnos y sostenernos en cada paso del camino.

En esos momentos de profunda desolación, es fácil sentirnos perdidos y solos en medio de la tormenta. Sin embargo, en medio de la oscuridad, a menudo aparecen personas extraordinarias que nos ofrecen su apoyo incondicional. Para mí, esa primera persona fue Yolanda, un verdadero ángel terrenal que entró en mi vida cuando más la necesitaba, después se fueron sumando más ángeles y hasta la fecha como parte de la fundación Kmorfin Reconstruyendo vidas, Dios me ha dado la bendición de conocer aun muchos más.

Yolanda no solo me visitaba y cuidaba de mí, también me recordaba mi propia belleza y valía, cuando yo misma no podía verla. Sus palabras de aliento y su presencia amorosa me recordaban que aún en los momentos más difíciles, hay luz y amor que nos rodea.

A pesar de mi resistencia inicial, Yolanda nunca cesó en su empeño por estar a mi lado, brindándome su amor y su apoyo incondicional. Sus oraciones constantes y su insistencia en llevarme a la iglesia para orar eran muestras claras de su preocupación genuina por mi bienestar.

Recuerdo un día en particular, cuando mi visión estaba nublada por la negatividad que cubría mis ojos y mi corazón. En ese momento, cuando Yolanda tocó a mi puerta, me sentí tan abrumada que decidí esconderme debajo de la cama, evitando cualquier contacto con el mundo exterior. Sin embargo, mi hijo, en su inocencia y sin darse cuenta de mi intento de huir, reveló mi escondite a Yolanda, y ella, con su noble corazón, logró que saliera de mi escondite para darle la cara. No tengo palabras para agradecerle el hecho de que nunca se rindiera en buscarme. Aunque fue un momento incómodo para mí, ahora veo la clara señal de la presencia constante de los ángeles en nuestras vidas.

Yolanda me llevó a la iglesia, donde las oraciones y el amor de la comunidad me reconfortaron en momentos de profunda angustia, y aunque yo no estaba tan abierta para recibir todo eso en ese momento, su presencia y sus acciones desinteresadas me sirvieron de recordatorio de que, incluso en los momentos más oscuros, Dios nunca nos deja solos.

Con el paso del tiempo he comprendido sobre el poder de la palabra y de las declaraciones que hacemos con nuestra boca, como en el caso de la historia de un hombre que encontramos en la Biblia, específicamente en el Evangelio de Marcos, capítulo 9, versículos 14 al 29. En esta historia, un hombre enfrenta una situación desesperada: su hijo está poseído por un espíritu maligno que lo hace sufrir terriblemente. Este padre lleva a su hijo a los discípulos de Jesús en busca de ayuda, pero ellos no logran expulsar al espíritu. Cuando Jesús se entera de la situación y llega al lugar, el padre le ruega con angustia que tenga compasión de ellos y les ayude si puede. Jesús responde con palabras poderosas: "Si puedes creer, al que cree todo le es posible". El padre, lleno de dudas y temores, responde con sinceridad: "Creo; ayuda mi incredulidad". Jesús, conmovido por su deseo de creer y por la fe genuina del padre, expulsa al espíritu maligno y sana al niño.

Esta historia es un recordatorio poderoso de la importancia de mantener la fe y la confianza en Dios, incluso cuando nos enfrentamos a situaciones desafiantes. Nos enseña también que Dios está siempre dispuesto a ayudarnos y fortalecernos cuando nos acercamos a Él con un corazón sincero y humilde, incluso si nuestras dudas y debilidades nos abruman.

El poder de las palabras habladas y su impacto en nuestras vidas es algo que no debemos subestimar. Cuando oramos, expresamos nuestros deseos más profundos y pedimos bendiciones y salud para nosotros y nuestros seres queridos. Buscamos conectarnos con una fuerza superior para encontrar consuelo y esperanza en lo que no podemos ver, pero sí podemos creer. Aunque no entendamos completamente su funcionamiento, al igual que sucede con el Internet o la electricidad, vemos cómo sus efectos son reales. Estoy convencida de que cuando tenemos fe en que nuestras oraciones son escuchadas, los milagros pueden manifestarse ante nuestros ojos. Hubo un tiempo en mi vida en el que no oraba y no tenía esta fe, pero como hemos visto en las escrituras y en testimonios, la fe puede crecer y producir resultados extraordinarios cuando decidimos cultivarla.

Aunque a veces mi fe flaqueaba y me resistía, Yolanda y las personas que me rodeaban continuaron orando fervientemente por mí. Recuerdo un día en particular en el que me llevaron a la iglesia y formaron un círculo de oración. Todos teníamos los ojos cerrados cuando de repente sentí algo entrando por mi nariz y bajando por mi garganta. Al principio fue un poco incómodo, sentí algo muy frío en mi nariz, recorriendo toda mi garganta.

Lo siguiente que recuerdo es despertar en el suelo, sintiéndome muy cansada y agotada. Ese día me sentí muy molesta y le dije a Yolanda que por favor no quería que pusieran cosas cerca de mí sin mi consentimiento, como incienso o polvos.

Aunque al principio desconfié, Yolanda me aseguró que solo habían utilizado la oración durante la sesión. Agradezco profundamente a Yolanda por nunca soltarme de su mano durante esos momentos difíciles, a pesar de mis negativas y mi actitud de persona herida. Siloina ha sido también otro gran apoyo en mi vida. Después de todo lo que he enfrentado, agradezco a Dios por su intervención en mis retos y por poner sus ángeles para sostenerme.

Después de sentir ese frío entrar por mi garganta, comencé a experimentar una gran mejoría. No sé explicar qué fue exactamente lo que sucedió con el paso de los días, pero puedo decir que algo entró en mí y en mi corazón, sembrando una semilla de fe y esperanza.

Durante mi próxima cita médica, que coincidió con las vísperas del nacimiento de mi hijo, continuaron haciéndome estudios y tratamientos de quimioterapia. Sin embargo, los médicos notaron un avance considerable en mi aspecto. Quedaron perplejos al ver que estaba respondiendo de manera muy favorable al tratamiento, al punto de que apenas encontraban células cancerígenas en mi organismo.

Me ordenaron más estudios para confirmar esta sorprendente mejoría y continuar monitoreándome. Finalmente, unos meses después de que mi bebé nació, recibí la increíble noticia de que mi organismo había respondido de manera extraordinaria al tratamiento, y que estaba libre de cáncer.

Si no hubiera vivido esta experiencia por mí misma, no podría comprender cómo algo así puede suceder. Ahora puedo afirmar con certeza que la oración es sumamente poderosa y que la fe y la gratitud, junto con el apoyo de personas que nos aman y nos rodean, son fundamentales en momentos difíciles.

Si cuentas con alguien como Yolanda en tu vida, alguien que te cuida y ora por ti, te animo a que le agradezcas a Dios de todo corazón por esa bendición. No todas las personas tienen la suerte de tener ese tipo de apoyo. A veces, incluso tu propia familia puede no estar ahí para ti por diversas razones.

Es por eso por lo que también escribí este libro, para aquellos que puedan estar pasando por momentos difíciles y se sientan solos. Quiero recordarte que Dios está siempre contigo y nunca te abandonará. Él está ahí, esperando escuchar tu voz para mostrarte su mano amorosa y misericordiosa que siempre está lista para ayudarte.

La oración puede ofrecer un gran consuelo en tiempos de necesidad y contribuir al proceso de autodescubrimiento. Su impacto positivo en el bienestar de vida puede ayudar en el proceso de soltar y liberarse de las cargas emocionales. Como resultado, las personas que practican la oración pueden experimentar una sensación de ligereza. Es importante reconocer que cualquier positividad que cultivemos en nosotros mismos también se refleja en los demás, aunque no todos estén conscientemente conectados a esta práctica.

Además, podemos observar que hay personas que se conectan con el poder superior de diversas formas. Algunos encuentran esta conexión a través de la música, otros mediante la naturaleza, y otros a través de momentos de calma y reflexión. Lo que sí puedo afirmar es que es crucial conectarse con el poder superior, ya sea Dios, el universo o el creador, y entender que nunca estamos solos; somos parte de algo más grande que nos escucha y nos guía en nuestro camino.

Entiendo que en momentos de dificultad y enfermedad puede resultar desafiante conectar con la gratitud y la fe. Al escribir este libro y compartir mi historia, mi objetivo es que, a través de ella, puedas ver cómo mi negatividad me impedía conectarme con esos sentimientos de esperanza, y cómo mi camino se volvía más difícil como resultado de ello. Fue al descubrir el poder de la gratitud, de la oración y la fe que experimenté un cambio notable en mi vida. Por eso estoy aquí, compartiendo este mensaje contigo. Te invito a que te abras a la posibilidad de conectar con nuestro Creador y a recibir ayuda de personas buenas que están dispuestas a brindarte su apoyo.

Capítulo 6
Gratitud en la Adversidad

"En los momentos más difíciles, la gratitud nos sostiene y nos guía hacia la luz".

El poder transformador del servicio desinteresado y la gratitud, tienen la capacidad para sanar corazones, restaurar esperanzas y unir almas en un vínculo de amor y compasión fortalecido. Cuando enfrentamos la adversidad, la gratitud nos brinda una perspectiva renovada, y nos permite encontrar significado incluso en los momentos más difíciles. Al cultivar la gratitud, aprendemos a apreciar las pequeñas bendiciones de la vida y a encontrar consuelo y fortaleza en medio de los desafíos.

A veces subestimamos el impacto y el poder sanador que un simple acto de bondad puede tener en la vida de otra persona y, por consecuencia, en la nuestra. Sin embargo, al abrir nuestros corazones y tender una mano a quienes más lo necesitan, descubrimos una fuente inagotable de alegría y satisfacción.

Contar las bendiciones nos permite ver las circunstancias en una perspectiva distinta, incluso cuando enfrentamos adversidades. El servicio desinteresado no solo beneficia a quienes reciben nuestra ayuda, sino que también nos transforma a nosotros mismos. Nos conecta con nuestra parte humana y nos recuerda la importancia de ser parte de una comunidad más grande. Al ofrecer nuestro tiempo, energía y recursos para ayudar a otros, encontramos un propósito más profundo y significativo en nuestras vidas.

La gratitud juega un papel fundamental en este proceso. Al reconocer y valorar las bendiciones que tenemos, cultivamos un sentido de abundancia y generosidad que nos impulsa a compartir con los demás. Es indudable que la gratitud nos ayuda a mantener una perspectiva positiva ante los desafíos y dificultades, permitiéndonos encontrar luz incluso en los momentos más oscuros.

Para incorporar el servicio desinteresado y la gratitud en nuestra rutina diaria, requerimos la voluntad de buscar y conectar con las oportunidades que tenemos a nuestra disposición, para contribuir y hacer del mundo un lugar mejor. Cada gesto de bondad, por más pequeño que parezca, puede tener un impacto profundo en nuestro bienestar emocional y espiritual.

Como ya les he compartido, desde muy temprana edad, he enfrentado diversos desafíos que han dejado una profunda impresión en mi corazón. A pesar de ser una niña inocente y ajena a muchas realidades, siempre tuve una mentalidad orientada al servicio y al crecimiento personal. Desde pequeña, albergaba el sueño de establecer una fundación para ayudar a quienes lo necesitaran, aunque en aquel entonces desconocía por dónde empezar o cómo llevarlo a cabo. No recuerdo exactamente cómo surgió ese sueño en mi mente, pero siempre tuve un deseo ferviente de aprender y contribuir al mundo de alguna manera.

Yo no tuve la oportunidad de recibir una educación formal durante mi niñez, debido a las limitaciones culturales en mi entorno, porque a las niñas no se les fomentaba la educación formal. En lugar de eso, se esperaba que se enfocaran en roles tradicionales "para la mujer", como el cuidado del hogar y la familia. Esta situación hizo que muchas niñas, incluyéndome a mí, no tuvieran acceso a oportunidades educativas formales y se enfrentaran a barreras para alcanzar sus sueños y aspiraciones.

Sin embargo y pese a mis limitaciones, encontré formas de aprender y crecer aprovechando cada oportunidad que se me presentaba. Aprendí de mi tía Chuy, de la madre de mi mejor amiga, de mis padres y de las diversas experiencias que la vida me ofrecía. Desde coser y cocinar hasta trabajar en el campo, absorbí cada habilidad y conocimiento que pudiera enriquecer mi vida.

A través de estas experiencias, adquirí una variedad de habilidades prácticas que han demostrado ser invaluables en mi vida adulta. Cada lección aprendida, ya sea cocinando, limpiando o trabajando en el campo, ha sido una pieza clave en mi desarrollo personal, y en mi capacidad para enfrentar los desafíos con determinación y fortaleza.

A pesar de las dificultades que viví en el pasado, y que en su momento parecían injustas, ahora reconozco que forman parte de mi historia y han contribuido para forjar quien soy hoy en día. Estas experiencias sentaron las bases para que pudiera valorar los avances que he tenido en la vida individualmente y como familia, además del entender la influencia que tengo como madre para mis hijos. La adversidad y los desafíos que enfrentamos a menudo actúan como una escuela de vida, moldeando nuestro carácter y fortaleciendo nuestras aspiraciones. Al adoptar una mentalidad de posibilidad en lugar de sentirnos víctimas, descubrimos nuestra capacidad de lograr cosas grandes y maravillosas. En este capítulo, quiero transmitirte, querido lector, la importancia de valorar la adversidad y darle un significado que enriquezca nuestras vidas, permitiéndonos vivir con paz, amor y armonía incluso en medio de las dificultades.

Debido a que el tema central de este libro es la gratitud y la fe, consideré crucial incluir este capítulo sobre cómo mantener una actitud de agradecimiento en medio de la adversidad. Quiero compartirte también, desde otro ángulo, una parte de mi historia que me dejó profundamente marcada y que fue sumamente difícil de sobrellevar. Como mencioné en el capítulo anterior, recibir el diagnóstico de cáncer y someterme a tratamiento mientras estaba embarazada en el quinto mes de gestación, fue una de las pruebas más difíciles que he enfrentado. Descubrir que se tiene cáncer es ya de por sí, una noticia abrumadora por sí sola, pero enfrentarla estando embarazada agrega por supuesto una dimensión adicional al desafío.

La preocupación por mi salud y la de mi hijo se convirtió en una carga emocional difícil de sobrellevar. Aunque con el paso de los meses llegaron algunas noticias alentadoras sobre mi mejoría, mi hijo nació con problemas respiratorios debido a los tratamientos de quimioterapia que había estado recibiendo. Esto lo mantuvo en la incubadora y bajo observación durante un largo período. En el momento de su nacimiento, aún no había terminado completamente mi tratamiento contra el cáncer, por lo que tuve que enfrentar el nacimiento de mi hijo con complicaciones mientras continuaba mi lucha contra la enfermedad.

Fue en ese momento cuando empecé a conectar y descubrir lo que significa tener fe, aunque apenas estaba comenzando ese camino. Gracias a la influencia de Yolanda, el Pastor Jaime Ávila y su esposa Claudia, que me invitaban a la iglesia y me animaban a orar, empecé a desarrollar el hábito de leer la Biblia y practicar la oración genuina. Ya comenzaba a hablar de Dios, del universo y de la energía positiva, sin embargo, las subidas y bajadas de la salud de mi bebé me mantenían los nervios al límite.

Un buen día, después de una crisis respiratoria de mi hijo, las enfermeras me sacaron de la habitación donde estaba internado, para aplicarle un medicamento ante una crisis. Para ese entonces, ya había recibido noticias de que mi cáncer había cedido al tratamiento. A pesar de que mi fe comenzaba a fortalecerse, la salud de mi hijo experimentaba altibajos que me mantenían con los nervios de punta y un profundo dolor en el estómago. La angustia de pensar que en cualquier momento mi bebé podría fallecer era abrumadora.

Llegó un momento en el que, sin darme cuenta, mi corazón comenzó a experimentar un cambio significativo. A pesar de ver la salud de mi hijo en una situación delicada, llegó el instante en el que empecé a agradecer a Dios por haberme dado la oportunidad de conocerlo. Comencé a apartarme de mis deseos terrenales y dejé de suplicar por su salvación. En su lugar, deposité mi confianza en Dios y comprendí que era necesario que su voluntad prevaleciera. Entendí que no podía imponerle mis deseos a Dios y que, si él me había sanado y ayudado a mejorar, seguramente tenía planes más grandes tanto para mí como para mi hijo, así como para cada una de las personas del mundo.

Fue entonces cuando comencé a comprender, sin darme cuenta, que entregar nuestras preocupaciones a Dios nos libera del peso de buscar respuestas a preguntas que a menudo son difíciles de responder. Incluso nuestras expectativas pueden actuar en nuestra contra. Cuando pedimos a Dios que nos sane o salve a nosotros o a nuestros seres queridos, nos aferramos a deseos terrenales y a un miedo profundo a perder la vida o a perder a quienes amamos. Desde ese lugar, es difícil mantener la fe, la gratitud y la esperanza, porque estamos anhelando que las cosas se desarrollen según nuestro propio deseo, en lugar de confiar en el plan y en la voluntad de Dios.

Creo firmemente que en estos momentos es donde la gratitud se convierte en un oasis de paz en medio de la adversidad. Cuando sentimos agradecimiento por las experiencias vividas, por las personas que se han cruzado en nuestro camino y por las situaciones que hemos enfrentado, algo extraordinario sucede dentro de nosotros. Nos llenamos de fortaleza en medio de las dificultades y nos conectamos con el profundo amor incondicional que Dios tiene para nosotros.

Es como si al agradecer, permitiéramos que Dios se haga cargo y esa sensación de gratitud tiene el poder de llenar cualquier vacío en nuestro corazón. Es una experiencia verdaderamente maravillosa.

Como lo mencioné anteriormente, hubo un momento crucial en el que sentí que finalmente conectaba con Dios y adquiría una firme convicción de su existencia. Comprendí también que Él responde a nuestras oraciones conforme a su plan. Sucedió cuando las enfermeras me sacaron de la habitación de mi hijo durante su crisis respiratoria. En ese instante, entregué todas mis cargas a Dios. Bajé la guardia, dejé de resistir y confié plenamente en que mi hijo estaba en sus manos.

Salí de la habitación con mi Biblia en mano, mientras afuera llovía. Con el corazón completamente quebrantado y el espíritu contrito, le rogué a Dios con toda mi alma. Le pedí que, si era su voluntad llevarse a mi hijo, lo hiciera para que dejara de sufrir. Reconocí que ya no era mi deseo mantenerlo aferrado a esta vida, sino que estaba dispuesta a aceptar lo que fuera mejor para él.

Comprendí que, aunque la vida no está en mis manos, mis ruegos y súplicas por la salud de mi hijo quizás estaban prolongando su sufrimiento. En ese momento, me aparté del camino y le confié plenamente a Dios la vida de mi hijo. Le dije que aceptaba su voluntad, ya fuera llevándoselo o dejándolo aquí, pero que no seguiría rogando por un resultado específico. Estaba lista para aceptar lo que Dios decidiera.

Le hablé a Dios con sinceridad, reconociendo mi debilidad en la fe y en la gratitud, a pesar de los milagros que ya había experimentado en mi propia vida. Le dije: "Dios, si realmente existes y eres un Dios poderoso, y si fuiste tú quien me sanó a mí, te pido que me des una señal. Si decides llevarte a mi hijo, lo aceptaré". Sentía un profundo dolor al ver a mi bebé pasar por momentos de bienestar seguidos de crisis; era estresante escuchar los sonidos horribles de las máquinas. Me sacaban de la habitación de mi bebé para intervenirlo cada vez que tenía una crisis. Fueron momentos desgarradores, más dolorosos incluso que mi propia batalla contra el cáncer.

Con profunda gratitud en mi corazón, agradecí a Dios por haberme otorgado el regalo de la maternidad, incluso en medio de mi enfermedad. En ese momento de profundo dolor, me conecté con el milagro de la vida y con la maravillosa oportunidad que es existir en este mundo. Esta experiencia me llevó a un lugar especial en mi corazón, donde pude tener una conversación genuina con Dios, sin barreras, con certeza y llena de fe en lugar de miedo. Reconocí su poder y su presencia en todas las cosas. En ese instante preciso, sentí su escucha y comprendí que él es real y que verdaderamente atiende nuestras oraciones.

A pesar de que mi mayor deseo como madre era ver a mi hijo vivir, me afectaba profundamente verlo sufrir, conectado a tantos aparatos, sin descanso y constantemente al borde de la muerte. Este sufrimiento es algo que no le deseo a nadie, y puedo comprender el dolor de una madre que ve a su hijo en esa situación, así como el dolor de aquellas que los pierden y enfrentan enfermedades o adicciones de sus seres queridos. Cuando nuestros hijos atraviesan dificultades, enfermedades o desafíos, como madres podemos experimentar un sufrimiento más profundo si no nos agarramos de la mano de Dios. Aunque el dolor de una madre por ver a su hijo sufrir siempre es inmenso, en ese momento cuando conecté con la posibilidad de poner a mi hijo en las manos de Dios, y confiar en sus planes, se abrió una luz ante mis ojos. Esta conexión me dejó lecciones profundas y valiosas, que quedaron grabadas en mi corazón.

Al terminar mi oración, experimenté una sensación reconfortante, como si un abrazo invisible envolviera todo mi ser, y una paz profunda llenaba mi corazón. Aunque en Ensenada no es común escuchar truenos cuando llueve, en ese momento un destello de luz a lo lejos marcó esa experiencia en mi memoria. Regresé al hospital empapada por la lluvia, después de arrodillarme en el pasto sin importarme el clima, pues el dolor que sentía era más profundo que cualquier adversidad externa. Al volver al hospital, esperaba recibir noticias sobre mi hijo. Con gratitud en mi corazón, había aceptado la voluntad de Dios, y estaba dispuesta a recibir cualquier noticia con amor y agradecimiento, reconociendo que Dios sabe más que yo, y tiene el poder de decidir si nos lleva o nos deja más tiempo aquí.

Después de haber llorado mucho y recibir consuelo en mi corazón, caminé con esa paz hacia la sala donde tenían a mi hijo. Al entrar, contemplé el panorama, preparada para cualquier noticia. Estaba decidida a aceptar si Dios había decidido llevarse a mi hijo. Sentía un profundo agradecimiento por haber tenido la oportunidad de ser madre. Como mi hijo nació prematuro, aún no le había escogido un nombre. Fue en ese momento que Dios me mostró el nombre de mi hijo. Su nombre es Jhadiel. Es un nombre de origen hebreo que lleva consigo un significado especial: "Dios es justo" o "la justicia de Dios", "Dios oye". Este nombre tiene un profundo significado espiritual y representa la creencia en la justicia divina.

Hoy puedo afirmar que Jhadiel es la chispa que ilumina nuestro hogar. Su presencia es una gran bendición en nuestras vidas. Es asombroso cómo cada uno de nosotros tiene un propósito especial, y cómo todos llegamos a desempeñar un papel en la vida de una familia. La existencia de Jhadiel me ha enseñado que podemos encontrar paz en el agradecimiento, y en la fe en Dios. Aunque pensaba que ya tenía fe y que conocía a Dios, ese evento significativo me hizo darme cuenta de que una cosa es decir que tienes fe, y otra es vivirla verdaderamente. En ese momento tan crucial de mi vida, me humillé ante Dios, me rendí ante Él y le solté todas mis cargas, agradeciéndole por todo lo que me había dado. Comprendí que debía soltar y confiar en Su voluntad. Le pedí a Dios que me mostrara Su mano, y Él me dio la señal de que está vivo y nos escucha.

Creo que nuestros hijos son como botones que, al apretarlos, a veces nos regalan momentos de felicidad y otras veces nos llevan a experimentar un gran sufrimiento, a veces nos permiten sentir una gran satisfacción o un gozo intenso, pero también pueden causarnos una gran preocupación. Sin embargo, a pesar de las dificultades, también sé que podemos experimentar grandes alegrías gracias a ellos. Es maravilloso poder compartir estas historias, y mostrar a otras mujeres, o a otras personas el poder que tiene la fe, el agradecimiento y la oración en nuestras vidas.

Puede haber mujeres que en este momento tengan a sus hijos en el hospital, o quizás algunas los hayan perdido. También puede ser que algunas madres enfrentan la dura realidad de sufrir una enfermedad terminal. A ustedes, madres, padres y familias que están atravesando momentos de sufrimiento y pruebas, les hablo desde estas líneas. Quiero recordarles que Dios nos ama incondicionalmente y tiene un plan para cada uno de nosotros. A través de mi experiencia, he aprendido que nada de lo que nos sucede es en vano. Lo importante es que aprender, reconocer y encontrar la sabiduría que se esconde en cada situación que pasamos.

Sé que en los momentos de mayor dolor podemos encontrar una comunión más profunda con el Creador. Es en esos momentos de profundo sufrimiento, cuando nuestro corazón ya no puede soportar más, que surge una conexión especial, casi mágica, donde nuestra humanidad se rinde y nuestro espíritu clama al cielo por ayuda. Y, por más doloroso que parezca, a veces, es necesario atravesar ese tipo de dolor para experimentar una comunión íntima con Dios, y de eso doy testimonio. Quiero compartir con ustedes que el poder de la oración es real; Dios escucha nuestras plegarias.

Pero no debemos orar desde la carne, ya que la carne es egoísta. Tampoco debemos orar desde el ego o desde el enojo, sino desde un corazón contrito. Personalmente, descubrí que solo cuando conecté verdaderamente con la humildad, tuve la oportunidad de conectarme de manera genuina con Dios.

Si estás atravesando dificultades o si tienes un ser querido enfermo o desahuciado, te invito a que vivas el momento, a que encuentres gratitud en cada minuto que Dios te brinda, así como en los minutos que le da a tu ser querido. El tiempo es un regalo invaluable, y al conectar con esta verdad, aprendemos a apreciar su valor.

Capítulo 7
Compartiendo la Alegría con Otros que lo Necesitan

"Cuando extendemos nuestras bendiciones hacia quienes más lo necesitan, multiplicamos nuestra propia felicidad".

En el vaivén de la vida, encontramos un refugio sagrado en el noble arte de servir a los demás. La compasión y la entrega son el acto de compartir nuestra luz con aquellos que más lo necesitan, y no solo enriquece sus vidas, sino que también transforma la nuestra.

Desde el más humilde gesto de bondad, hasta la dedicación en la entrega de nuestro tiempo y recursos, descubrimos que el servicio desinteresado es el enlace que conecta corazones, y construye puentes hacia un mundo más compasivo y solidario. En este viaje llamado vida, vamos aprendiendo que cada acto de amor y generosidad es una semilla que plantamos en el jardín de la humanidad, creando un legado de esperanza y unión que perdura más allá de nuestras vidas.

Reflexionando sobre mis experiencias vividas, puedo afirmar que el servicio desinteresado puede verdaderamente transformarnos. Al recordar a tantas personas que he visto servir, me doy cuenta de que se puede percibir en ellos un deseo genuino de compartir alegría y esperanza, con quienes más lo necesitan. Considero importante reconocer que, al abrir nuestros corazones al llamado de la compasión y el servicio, nos enriquecemos de formas inesperadas. Al explorar la belleza y la gratitud que se manifiestan en el acto de dar, podemos recordar que la verdadera alegría del corazón reside en nuestra entrega hacia los demás.

Me llena de satisfacción ver cómo mis hijos han desarrollado una profunda empatía hacia las personas con necesidades especiales. Me han expresado su preocupación al observar situaciones en las escuelas u otros lugares, donde algunos niños se burlan del dolor ajeno o se comportan de manera insensible. Mis hijos desean ser agentes de cambio para promover la empatía y la solidaridad. Están emocionados por ser voluntarios y ayudar en cualquier oportunidad que se les presente, y también quieren invitar a otros niños y a sus familias a unirse a esta causa.

En una ocasión, Víctor, mi hijo, compartió conmigo su visión. El considera que, así como hay niños que debido a sus circunstancias de vida, pueden estar desconectados del acto de servir, e incluso pueden ser niños heridos que buscan lastimar a otros, también hay otros niños que son empáticos y serviciales. Él expresó su deseo de trabajar en la fundación para ser una inspiración y conectarse con esos niños que tienen un corazón de servicio. Asimismo, espera que estos niños puedan involucrar a sus familias para ayudar a otras familias que más lo necesitan.

En nuestro caso, hemos participado en diversas jornadas y oportunidades de servicio, especialmente en eventos oncológicos, donde nuestros hijos han estado involucrados desde pequeños. Ellos conocen mi historia personal con el cáncer y están comprometidos con el proyecto del "Rancho Karely". Saben que este lugar está siendo construido para proporcionar un entorno tranquilo y servicios de apoyo a aquellos que están pasando por procesos de recuperación. Con la ayuda de terapia, medicamentos homeopáticos y un mensaje de esperanza, deseamos ofrecer un rayo de luz a quienes se sienten perdidos en medio de la enfermedad.

Comprendemos que, en la sociedad actual, nuestros hijos e hijas están expuestos a una gran cantidad de influencias y mensajes que no necesariamente fomentan la empatía, ni el servicio desinteresado. Por eso, a través de mi mensaje, quiero invitarlos a prestar atención a sus hijos, a conectarse con ellos, abrazarlos, validar sus sentimientos y escuchar sus preocupaciones. Creo firmemente que cuanto más amor y atención les brindemos, más capacitados estarán para expresar ese mismo amor hacia sí mismos y hacia quienes los rodean.

Mi invitación es a cultivar un ambiente de amor y comprensión en nuestros hogares, donde se fomente la empatía, el respeto, el servicio y la esperanza. Creo que esta vida es una oportunidad para crear un legado de unidad y positivismo, y eso comienza en nuestro propio hogar, con nuestros hijos y con nuestra familia. Es fundamental que les enseñemos el valor de contribuir al bienestar de los demás, y de mantener una actitud de fe y esperanza, frente a los desafíos de la vida.

Entiendo que la labor de criar a nuestros hijos va mucho más allá de las palabras; implica un compromiso personal y una responsabilidad individual. Todos somos arquitectos de nuestro propio destino, y nuestros hijos también tienen su propia voluntad y camino por recorrer. Por tanto, considero que, al abrirnos y conectar con ellos desde el amor y la comprensión, podemos contribuir a formar seres humanos más íntegros y compasivos.

Es esencial que reconozcamos que nuestros hijos tienen sus propias vidas y necesitan espacio para crecer y desarrollarse como individuos. Mi esposo y yo creemos que nuestro papel como padres es guiarlos, apoyarlos y enseñarles valores fundamentales como el amor, la compasión y la responsabilidad. Esta es la visión que nosotros compartimos, y en la que hemos trabajado arduamente. Queremos que nuestros hijos sepan cuánto los amamos, que estamos orgullosos de cada uno de ellos, y que su personalidad individual es como un faro de luz que ilumina nuestro hogar con sus sonrisas y ocurrencias. Es de suma importancia para nosotros conectar nuestros corazones con los suyos, para prepararlos para que vivan sus vidas de manera feliz y realizada, a pesar de los desafíos que se les puedan presentar.

Considero que apoyar a nuestros hijos para que se conviertan en mejores personas para este mundo es una tarea compartida. Nuestros hijos son el futuro de la humanidad y en la sociedad moderna, vemos una influencia poderosa tanto del bien como del mal a través de canciones, videos, video juegos, películas e "influencers" que pueden tener un impacto significativo en ellos, ya sea positivo o negativo. Por eso, es crucial fortalecer los lazos dentro de nuestros hogares y estar atentos a las influencias que reciben.

Compartir la alegría con aquellos que más lo necesitan y extender nuestras bendiciones no solo multiplica nuestra propia felicidad, sino que también enseña a nuestros hijos la importancia de ser generosos y solidarios. De esta manera, contribuimos a construir un mundo más amoroso y compasivo para las generaciones futuras.

Asimismo, es esencial inculcar en nuestros hijos los valores de la gratitud y la fe desde una edad temprana. Enseñarles a apreciar lo que tienen y a confiar en un poder superior, les proporciona una base sólida para enfrentar los desafíos que encontrarán a lo largo de sus vidas. La práctica de la gratitud y la fe no solo les brinda consuelo en momentos difíciles, sino que también les ayuda a mantener una actitud positiva y optimista ante la vida.

En mi opinión, debemos recordar que somos modelos a seguir para nuestros hijos. Ellos aprenden observando nuestras acciones y comportamientos. Por lo tanto, es importante que cultivemos una mentalidad de gratitud y fe en nuestras propias vidas, para que podamos transmitir esos valores de manera efectiva a las generaciones venideras.

Al sembrar la semilla de la gratitud y la fe en nuestros hijos, estamos contribuyendo a un futuro más prometedor y esperanzador. No por la ausencia de circunstancias retantes, sino porque les estamos dando las herramientas necesarias para enfrentar los desafíos del mundo con valentía y determinación, y les estamos enseñando a ser luz en medio de la oscuridad. De alguna manera, podemos crear una sociedad más consciente y compasiva, donde la gratitud y la fe sean los pilares sobre los cuales se construye un mundo mejor para todos.

Nuestros hijos y la juventud en general necesitan ser guiados hacia una mentalidad fundada en la gratitud y la fe, además de una perspectiva que les permita enfrentar los desafíos de la vida con fortaleza y esperanza. En mi propio viaje personal, he experimentado cómo mi manera de pensar ha sido la base para afrontar los momentos más difíciles. Desde mi niñez, marcada por retos y desafíos, hasta mi batalla contra el cáncer, pasando por las enfermedades que afectaron a mi bebé al nacer y posteriormente a mi esposo, así como el momento en que mi padre fue desahuciado, cada prueba me confrontó con la importancia de cultivar una mentalidad positiva y resiliente.

Durante mucho tiempo, me vi atrapada en una mentalidad de queja y escasez, donde el enfoque en lo negativo y la falta de agradecimiento, me mantenían en un estado de desánimo y resentimiento hacia las circunstancias y las personas que me rodeaban. Esta mentalidad no solo afectaba mi bienestar emocional, sino que también impactaba mis relaciones y mi capacidad para encontrar soluciones a los desafíos que enfrentaba.

Por supuesto, con esa mentalidad y desde esa postura de vida, yo no estaba siendo de mucha ayuda para otros. Cuando nosotros sentimos que estamos perdiendo en la vida, no podemos ayudar a nadie a ganar.

Sin embargo, al atravesar estas experiencias y reflexionar sobre mi proceso de sanación y crecimiento, me di cuenta de que tenía el poder de cambiar mi manera de pensar. Aprendí que la gratitud y la fe son herramientas poderosas que pueden transformar nuestra percepción de la vida y nuestra capacidad para superar adversidades. Al adoptar una mentalidad basada en la gratitud, comencé a enfocarme en lo positivo, a apreciar las bendiciones que tenía y a encontrar significado incluso en los momentos más difíciles.

La fe también desempeñó un papel fundamental en mi proceso de sanación y transformación. Al confiar en un poder superior y en un plan divino, encontré consuelo y fortaleza para seguir adelante, incluso cuando todo parecía oscuro. La fe me recordó que no estaba sola en mi camino y que siempre había una luz al final del túnel, incluso cuando la situación parecía desesperante.

Ahora, desde una perspectiva de gratitud y fe, puedo ver cómo mi mentalidad ha influido en mi capacidad para enfrentar los desafíos con coraje y determinación. Esta comprensión ha profundizado mi compromiso de compartir estas lecciones con los demás, especialmente con las generaciones más jóvenes. Creo firmemente que enseñar a nuestros hijos y a la juventud a cultivar una mentalidad de gratitud y fe, resulta fundamental para su bienestar emocional, y para su capacidad para enfrentar los desafíos de la vida con esperanza y resiliencia.

La gratitud y la fe no solo nos ayudan a superar nuestras propias batallas, sino que también nos permiten ser una luz para los demás y contribuir a la creación de un mundo más amoroso y compasivo. Es mi sincero deseo que mi historia inspire a otros a cultivar una manera de pensar que ayude a transmitir estos valores a las generaciones futuras, para que puedan enfrentar su vida con confianza y esperanza.

Para todas las personas que están enfrentando dificultades, retos y enfermedades, el mensaje del camino del héroe es especialmente relevante. Este modelo de literatura, utilizado para escribir historias, nos recuerda que cada uno de nosotros está inmerso en un viaje de autodescubrimiento y crecimiento, donde enfrentamos desafíos que ponen a prueba nuestra fortaleza y determinación. Es de crucial importancia revisar las palabras que usamos y cuestionar nuestras creencias limitantes, ya que estas pueden, por un lado, favorecer el cambio o, por el contrario, estancarnos en la negatividad.

En medio de cualquier prueba, la mentalidad de gratitud y fe se convierte en un faro de esperanza. Aunque el camino pueda parecer oscuro y difícil, cultivar una actitud de gratitud nos permite encontrar luz incluso en los momentos más difíciles. Reconocer y enfocarnos en las bendiciones que aún tenemos en nuestra vida, a pesar de las adversidades, nos proporciona la fuerza interior necesaria para seguir adelante con coraje y determinación.

La gratitud nos conecta con la humanidad en su conjunto, nos ayuda a ver la bondad y la generosidad que aún existen en el mundo. Nos inspira a ser agentes de cambio y a compartir nuestro amor y compasión con aquellos que más lo necesitan, incluso cuando enfrentamos nuestros propios desafíos.

La fe nos recuerda que hay un propósito más grande en nuestras vidas, y que estamos siendo guiados y apoyados en nuestro camino, incluso cuando nos sentimos solos y abrumados por las circunstancias. Creer en algo más grande que nosotros mismos nos da la fuerza para perseverar y seguir adelante, confiando en que hay esperanza incluso en los momentos más oscuros.

Al adoptar una mentalidad de gratitud y fe a través de las palabras que utilizamos, nos transformamos en héroes de nuestras propias historias. Las frases que resuenan en nuestras mentes nos respaldan para enfrentar los desafíos con determinación, cambiando nuestra perspectiva de las cosas y convirtiéndonos en una fuente de esperanza y compasión para los demás. A pesar de nuestras propias luchas, podemos encontrar la fortaleza para ayudar a aquellos que más lo necesitan, marcando así una diferencia significativa en el mundo.

La historia de Maxi es un poderoso recordatorio de la fuerza que podemos encontrar en la fe y la esperanza, incluso en los momentos más difíciles de nuestras vidas. Cuando Maxi llegó a nuestra fundación con cirrosis hepática en etapa 4, los médicos le dieron pocas esperanzas y su espíritu se sumió en la resistencia y la negatividad. A pesar de no haber consumido alcohol, su hígado se vio gravemente afectado por los efectos secundarios de algunos medicamentos.

Al entrevistar a Maxi, le hicimos la misma pregunta que hacemos a todas las personas a quienes estamos dispuestos a ayudar con nuestros tratamientos: "¿Nos das un voto de fe y confianza?"

y ella respondió que sí. Nosotros, a su vez, nos ponemos en manos de Dios y utilizamos todo lo que está a nuestro alcance para poder ayudar con nuestros recursos a quienes más lo necesitan.

Para nosotros en la fundación, recibir a Maxi fue una verdadera bendición. Recordé el apoyo y la esperanza que recibí de Siloina y Yolanda durante mi propio proceso de cáncer, y su ejemplo de fe y amor resonó profundamente en mí. Ellas, en medio de sus propios desafíos, fueron una luz para mí, y Dios me daba la oportunidad de serlo después para Maxi.

Encontrar el valor para ayudar a la hermana de Siloina en su momento de necesidad fue una experiencia conmovedora para mí. Fue un recordatorio palpable de cómo el amor y la compasión pueden ser una fuerza transformadora incluso en medio de la oscuridad más profunda. En ese momento, comprendí que cada uno de nosotros tiene el poder de ser un héroe en nuestra propia historia y en la vida de los demás.

La historia de Maxi no solo es un testimonio de su propia valentía y resiliencia, sino también de la conexión y el apoyo mutuo que podemos encontrar en momentos de necesidad. Es un recordatorio de que, a pesar de los desafíos que enfrentamos, siempre hay esperanza si tenemos fe y estamos dispuestos a extender una mano amiga a quienes más lo necesitan. En ese acto de generosidad y compasión, encontramos una fuerza que trasciende nuestras propias luchas y nos une como una comunidad de amor y apoyo.

Ahora, Maxi forma parte de nuestra fundación y está extendiendo el mismo amor y cuidado que recibió, para con otras mujeres que también lo necesitan desesperadamente. Su presencia y su experiencia son una inspiración para todas nosotras, y su compromiso con el servicio y la compasión es verdaderamente conmovedor. Lo que comenzó como un gesto de generosidad hacia ella se ha convertido en una cadena de amor, fe, gratitud y esperanza que se entreteje con cada acto de servicio que brindamos a quienes más lo necesitan.

Es hermoso ver cómo el amor y la compasión pueden crecer y multiplicarse, transformando vidas y extendiendo una red de apoyo para aquellos que están atravesando tiempos difíciles. Maxi es un ejemplo viviente de cómo cada uno de nosotros tiene el poder de marcar una diferencia, no importa cuán pequeños sean nuestros actos.

Al unirnos en esta cadena de amor y servicio, fortalecemos no solo a quienes reciben nuestra ayuda, sino también a nosotros mismos y a nuestra comunidad en su conjunto. Es un recordatorio poderoso de que juntos, con fe y gratitud en nuestros corazones, podemos superar cualquier adversidad y crear un mundo más amoroso y compasivo para todos.

El camino del héroe, acompañado de una mentalidad de gratitud y fe, nos impulsa a ser valientes en medio de la adversidad, a manifestar generosidad en medio de la escasez y a convertirnos en una influencia positiva en la vida de los demás. Al seguir este camino, tenemos la capacidad de inspirar tanto a esta generación como a las futuras, guiándolas a encontrar esperanza y fortaleza en medio de sus propios desafíos.

Soy plenamente consciente de que cuando ayudamos a las mujeres, estamos cumpliendo con la voluntad de Dios. Reconozco que, en ocasiones, puede llegar el momento en que no podamos salvar a todas, pues entiendo que Dios tiene un plan mayor para cada uno de sus hijos. Sin embargo, me siento profundamente bendecida de poder presenciar estos testimonios de vida, y de experimentar los efectos transformadores que tienen los actos de amor y bondad, para con quienes más lo necesitan.

Cada encuentro, cada gesto de solidaridad y cada muestra de compasión son un recordatorio del poder que reside en el corazón humano, para hacer una diferencia en la vida de los demás. A través de estos actos, nos convertimos en instrumentos y en las manos de Dios, extendiendo la luz de la esperanza y la ayuda a quienes enfrentan tiempos difíciles.

Este capítulo es un tributo a la fe, la gratitud y la compasión que guían nuestras acciones en la fundación. Es un recordatorio de que, a pesar de los desafíos y las limitaciones, el amor y la bondad siempre prevalecerán. Que cada historia compartida aquí sea un testimonio vivo de la capacidad humana para superar obstáculos y encontrar la luz en la oscuridad.

Que cada mujer que ha sido tocada por nuestro trabajo sepa que no está sola, que hay una comunidad de apoyo dispuesta a ofrecer su amor incondicional y su ayuda desinteresada. Y que, al final del día, podamos seguir siendo vehículos de amor y esperanza, inspirando a otros a hacer lo mismo en sus propias vidas y comunidad.

Capítulo 8
Viviendo con Propósito tu Misión de Vida

"Cuando descubrimos y conectamos con nuestra misión divina, podemos caminar con determinación y confianza".

En mi viaje hacia el descubrimiento y la conexión con mi propósito de vida, he llegado a comprender algo que considero fundamental compartir contigo en este capítulo. La distinción entre nuestra misión de vida y nuestra misión divina ha sido esencial para mí.

La misión de vida se refiere a los objetivos y metas que nos marcamos en función de nuestras pasiones, intereses, talentos y valores personales. Es todo aquello que nos impulsa y nos motiva en el día a día, lo que nos lleva a perseguir nuestros sueños y a encontrar satisfacción en nuestras acciones y logros.

Por otro lado, la misión divina va más allá de lo terrenal y nos permite conectar con nuestra esencia espiritual, a menudo pasada por alto. Es la comprensión de que somos parte de algo más grande, una conexión con lo trascendental, lo que nos da un propósito más profundo en la vida. Es el llamado a servir a un propósito superior, a contribuir al bienestar del mundo y a encontrar significado en cada experiencia que vivimos.

Mientras que la misión de vida se centra en nuestras aspiraciones personales y terrenales, la misión divina nos invita a trascender nuestro ego y conectar con nuestra espiritualidad, guiándonos hacia un propósito más elevado y significativo en la vida.

Considero que, comprender nuestro propósito divino es fundamental para vivir con gratitud y una fe firme. La misión divina es percibida como un llamado del alma, un propósito guiado por una conexión espiritual más estrecha con nuestro Creador, el padre de nuestros espíritus. Entender estas verdades me abrió los ojos para abrazar las adversidades y mantener la fe y la esperanza en una vida mejor.

Confiar en un plan superior o en la voluntad de una fuerza divina nos permite comprender lo que a veces escapa a nuestra comprensión. Nos proporciona respuestas que van más allá de este plano terrenal y, en ocasiones, la falta de respuesta en sí misma puede ser un mensaje de nuestro Creador, indicándonos que confiemos en Él y en Su sabiduría.

Mientras que la misión de vida puede estar centrada en alcanzar logros y metas terrenales, la misión divina está impregnada de un sentido espiritual más elevado y de servicio hacia un propósito mayor. Con este entendimiento y al observar nuestra vida a través de una perspectiva celestial, podemos avanzar con determinación y confianza, ingresando a un nuevo plano lleno de gratitud y fe. Adoptar esta perspectiva nos permite adentrarnos en el fascinante mundo de vivir con propósito y cumplir nuestra misión divina.

Es común encontrarnos en una búsqueda constante de significado y dirección, tratando de comprender nuestro propósito en esta vida. Sin embargo, al descubrir nuestra misión divina, podemos abrazar nuestro verdadero potencial y embarcarnos en un viaje de crecimiento personal y espiritual.

Vivir con propósito implica alinearnos con nuestros dones, intereses, talentos y valores más profundos. Se trata de escuchar la llamada interior que nos impulsa a actuar y servir en beneficio de los demás y del mundo, a un nivel más elevado. A través de esta conexión con nuestra misión de vida, encontramos un sentido más profundo de realización y satisfacción, guiándonos en cada paso que damos.

A veces, encontrar nuestra misión divina puede llevar tiempo. Requiere mirar hacia adentro, reflexionar y comprometernos con nuestro crecimiento personal y espiritual. En ocasiones, enfrentamos obstáculos en el camino antes de conectar con nuestra verdadera misión, pero cada desafío nos ayuda a entender mejor nuestro propósito y nos ofrece pistas sobre cómo podemos marcar la diferencia en el mundo.

Al conectarnos con nuestro ser interior y actuar de manera consciente e intencional, podemos identificar nuestro llamado y vivirlo plenamente. A pesar de los desafíos y adversidades, mantener una determinación y confianza inquebrantables nos capacita para abrazar una vida llena de significado y propósito. Nos impulsa a trascender nuestras limitaciones y a enfrentar nuestros miedos, permitiéndonos alcanzar los sueños más profundos de nuestro corazón.

Aunque a veces el camino pueda parecer confuso, es crucial seguir avanzando. En la travesía de mi familia, nos hemos embarcado en diversos proyectos, desde nuestro negocio familiar de aire acondicionado hasta una empresa de maquillaje que estamos lanzando, pasando por una tienda homeopática y la construcción del "Rancho Karely".

Este último proyecto está destinado a convertirse eventualmente en una clínica de tratamientos holísticos y homeopáticos, así como un espacio de descanso y recuperación.

Cada uno de estos emprendimientos ha demandado tiempo y esfuerzo para tomar forma y materializarse. Hemos enfrentado numerosos desafíos en el camino, pero cada obstáculo ha fortalecido nuestra conexión con nuestra misión divina. Para mí, la experiencia con el cáncer y el apoyo recibido de otras personas han sido un recordatorio profundo de la razón por la cual estoy en este mundo: ser una mano amiga para aquellos que luchan contra esta enfermedad.

Inicialmente, mi enfoque estaba en apoyar a mujeres con cáncer de mama. Aunque padecí cáncer de tiroides, sentí un fuerte llamado para ayudar a mujeres que enfrentaban esta otra forma de cáncer. Creo firmemente en la reconstrucción mamaria como una parte integral del proceso de recuperación, para aquellas mujeres que han perdido uno o ambos senos en su lucha contra la enfermedad. No veo esta cirugía como algo meramente estético, sino como una manera de devolverles a estas mujeres lo que perdieron mientras luchaban por salvar sus vidas.

En una conversación con mi esposo, surgió la idea de ampliar nuestros servicios para abarcar una variedad más amplia de enfermedades, dada nuestra experiencia en homeopatía, alphabiotismo, biomagnetismo, auriculoterapia y medicina alternativa. Esto me hizo reflexionar sobre el vasto potencial que teníamos para ayudar a más personas. Esta revelación abrió un abanico de posibilidades y me enseñó la importancia de escuchar a quienes nos rodean, ya que pueden aportar ideas a nuestra comprensión de nuestro propósito divino. Mi esposo y yo nos unimos en el servicio a los demás y hemos organizado la "Fundación K Morfin Reconstruyendo Vidas", dedicada justamente en ayudar a reconstruir vidas afectadas por el cáncer en México, Estados Unidos y otros países. Actualmente, contamos con un equipo en crecimiento y numerosos voluntarios dispuestos a ayudar en nuestras jornadas oncológicas.

Al vivir nuestro propósito, abrazamos nuestra misión divina con determinación y confianza, lo que nos permite explorar nuestro potencial único y contribuir de manera significativa al bienestar del mundo que nos rodea.

Descubrir y conectar con nuestra misión de vida nos brinda también un profundo sentido de realización y satisfacción a nivel terrenal. Sin embargo, al conectarnos con nuestra misión divina, podemos vivir con gratitud, alegría y significado, ya que esta fuerza sobrenatural de amor incondicional nos impulsa a perseguir nuestros sueños con pasión y determinación. Nos permite ver la luz en medio de la oscuridad, y nos da acceso a la sabiduría que necesitamos para trabajar y servir en armonía, especialmente cuando trabajamos con aquellos que han conectado con su propósito a nivel terrenal.

Me gustaría compartir contigo una historia que, a pesar del profundo dolor que causó a nuestra familia, sirvió como un llamado a mi corazón para especializarme aún más en el manejo de técnicas y en la medicina natural. Fue un momento de despertar, una señal que me impulsó a profundizar en el conocimiento y la comprensión, de cómo la medicina natural alternativa y las prácticas holísticas, pueden influir positivamente en la salud y en el bienestar de las personas.

Recuerdo claramente el momento en que estaba en el hospital junto a mi padre. A pesar de que los médicos no tenían esperanzas, en lo más profundo de mi corazón sentía que él sobreviviría. Con una fe inquebrantable, pedí a Dios una señal de paz para confirmar que mi padre se recuperaría. Poco después, los médicos tomaron la decisión de desconectarlo del tubo de respiración, y fue entonces cuando presenciamos con asombro cómo podía respirar por sí mismo. Fue un momento de asombro y gratitud, donde la señal que había pedido se manifestó de manera clara y poderosa, fortaleciendo mi fe y mi esperanza en el poder divino.

Al despertar, mi padre me preguntó si estábamos en el año 2029, cuando en realidad era el 2022. Fue un momento triste para todos, pero también significativo para mí. Pedí a Dios una señal para saber si él sobreviviría, y sentí una certeza en mi corazón que no podía explicar. Unos días después, le dieron de alta, pero los médicos nos aconsejaron firmar un documento en el que nos pedían no llamar al 911 y arreglar los servicios funerarios. Todos me decían que ya era mejor organizar los servicios funerarios, pero yo les decía que no; sabía en lo más profundo de mi ser que mi padre no se iba a morir. Sentía que me miraban como si estuviera aferrada a una esperanza falsa, pero yo tenía la certeza de que Dios ya me había dado una respuesta. Entonces cuando lo dieron de alta, lo llevé a casa de mi hermana en Santana.

Te comparto que inicialmente yo no estaba muy de acuerdo de llevarlo a un hospital, debido a mi creencia en la medicina holística. Sin embargo, mis hermanos y yo coincidimos en que necesitaba atención médica especializada. Aunque hay ciertos procedimientos médicos convencionales con los que difiero, sentía que debía apoyar a mi padre en su tratamiento, confiando en la guía para los doctores y en la misericordia de Dios.

Cuando toda esta pesadilla comenzó, pasé la primera noche en el hospital llena de angustia. Al día siguiente, los médicos me informaron que realizarían más estudios a mi padre. Consciente de sus problemas cardíacos previos y las dificultades que ya habíamos enfrentado, esta vez el desafío era su nivel elevado de azúcar en la sangre. Solicité que controlaran su glucosa, pero los médicos optaron por centrarse en su corazón.

Mi padre fue ingresado al hospital un 14 de septiembre del año 2022, y alrededor de las 4 de la tarde del día siguiente, recibí una llamada suya. Su voz sonaba muy cansada mientras me decía: "Hija, me siento muy mal, ayúdame. Estoy conectado a una máquina y no puedo respirar". Fue un susurro fatigado lo que escuché al otro lado de la línea. Entré en el hospital buscando desesperadamente ver a mi padre, pero me dijeron que estaba bien. Les mostré varias llamadas perdidas de él en mi teléfono y les expliqué que en la última me estaba pidiendo ayuda, les comenté que cómo podía él pedírmela si supuestamente estaban ya atendiéndolo.

En ese momento, una doctora salió y me dijo: "Lo siento mucho, estamos tratando de revivirlo, pero acaba de sufrir un paro cardíaco. Por favor, manténgase tranquila, su padre acaba de fallecer". Me desplomé al suelo y me hinqué pidiendo a Dios por fortaleza. También le agradecí a Dios a manera de consuelo para mi alma. Recuerdo que le rogué adentro de mi corazón: "Señor, tú que resucitaste a Lázaro después de cuatro días, puedes hacer el milagro con mi padre ahora mismo que están intentando revivirlo".

Mi padre estuvo inerte durante 15 minutos mientras le aplicaban maniobras de reanimación. Utilizaron los choques eléctricos como último recurso, y finalmente, volvió en sí. Él cuenta que escuchó una voz burlona diciéndole que no podía abrir los ojos, pero luego otra voz le ordenó: "Felipe, despierta y abre los ojos". En ese momento, se encontró rodeado de médicos.

Después de unos días, sufrió otro paro respiratorio, en realidad, fueron cinco en total. Recuerdo a los médicos corriendo y gritando, y a mi madre clamando a Dios y desmayándose después. Nos sacaron de la habitación y desde afuera vimos cómo lo perdíamos nuevamente. Cuando volvimos a entrar, él nos miró y con humor dijo: "Ahí vamos de nuevo". En ese momento, despertó y me preguntó: "¿Estamos en el 2029?" Y le respondí con una sonrisa de gratitud: "Sí, papá, gracias a Dios estamos en el 2029".

Más tarde nos informaron que su corazón ya no aguantaría más. Hubo una voz que me dijo que, si se lo quisiera llevar, no habría soportado tantos infartos ni tantos paros respiratorios. Sin embargo, posteriormente, el hospital me entregó una carta para poder traer a mis hermanos a ver a mi padre por última vez. Me dirigí a Tijuana para encontrarme con mis hermanos. Mi hermana venía volando de Guadalajara, y otro hermano ya estaba en Tijuana. Fue un día muy triste; ver a mi hermano destrozado y llorando porque se le negó la entrada a Estados Unidos por migración.

Conduje sola hacia la frontera para encontrarme con ellos y de regreso, solo pude llevar a mi hermana a ver a mi padre. Sentí que le había fallado, ya que su voluntad era despedirse personalmente de todos sus hijos. Él me dio instrucciones precisas; quería que lo paseáramos por la ciudad de Santa Ana, California, antes de ser sepultado.

Con su voz cansada, me dijo: "Hija, sé que no te he dado mucho, pero quiero pedirte una última voluntad. Quiero que nos vayamos todos juntos a pasear". Nos reímos, a pesar de estar destrozados, porque él seguía con sus bromas a pesar de su estado crítico. Luego me pidió que lo lleváramos acompañado de una banda de música de viento con una canción en particular. Me dijo: "No tengo nada que dejarle a nadie más que mi amor, pero a ti hija, sí tengo algo que dejarte. En casa tengo una docena de focos que guardé pensando en ti. Cuando sientas que se te apaga la vida o que no puedes más, pon uno y enciende la luz. Ahí estaré en esa luz para que se te ilumine el cerebro. Sé que eres muy inteligente y has llegado muy lejos por esas ideas que has tenido hasta ahora". Te comparto que hasta la fecha conservo esos focos como un recuerdo de la herencia que mi padre ha dejado en mi vida.

Hoy puedo decirte que todo lo que ha pasado tiene una razón de ser. Lo que te han dado tus padres, lo que no te han dado, cómo te lo han dado y lo que te han quedado a deber, según como tu lo interpretes, es necesario para ir avanzando en la vida. Quizás haya quienes nacieron y nunca conocieron a sus padres; y aunque no sé la historia de tu vida, lo que sí te puedo decir es que tú tienes una historia, al igual que yo, y que todos los que han pasado por este mundo. Todo lo que nos pasa siempre es para progresar, pero todo depende de cómo lo estamos viendo, y en qué es en lo que nos estamos enfocando.

En las siguientes líneas, te sigo compartiendo este capítulo de mi vida que marcó de manera definitiva una conexión con mi misión divina, de convertirme en homeópata y de explorar los beneficios de la medicina alternativa. Cuando salimos del hospital, nos apresuramos a ponernos en contacto con una persona en el ámbito de la medicina alternativa. Sabíamos que tenía algunos equipos que aún no poseíamos en el año 2022. Pasamos la noche aplicando terapias alternativas a mi papá hasta altas horas de la madrugada. Al amanecer, mi mamá se puso a llorar porque, según su creencia, cuando un enfermo tiene hambre es porque está cerca de despedirse. Sin embargo, para sorpresa de todos, mi papá comenzó a sentir hambre, lo cual interpretamos como una nueva intervención divina.

Con el paso de los días, mi padre comenzó a recuperarse gradualmente. A pesar de los consejos de muchos que sugerían que lo dejara ir, argumentando que su partida era inevitable y que aferrarme solo aumentaría mi sufrimiento, yo seguía firme en mi convicción interna y en la sensación que Dios me permitía sentir de que él se recuperaría. Estoy profundamente agradecida de que hoy, a pesar de los desafíos de salud que ha enfrentado, mi padre esté vivo y con nosotros. Su fortaleza y su persistente lucha son un testimonio inspirador de la resistencia del espíritu humano.

Poco a poco, mi padre comenzó a recuperar fuerzas y pudo caminar nuevamente, mientras sus signos vitales mostraban una mejora constante.

Estoy completamente convencida de que el plan de Dios sigue su propio curso. Solo Él conoce el momento en que cada uno de nosotros debe partir, y definitivamente no era la hora para mi padre en ese momento. Su continuo progreso fue una prueba evidente de la voluntad divina y del poder de Dios.

Pasé más de un mes en el hospital, antes de que mi padre fuera dado de alta. Mi "cuarentena" consistía en estar amamantando a mi bebé en los pasillos, y para dormir la acomodaba en su portabebés y yo dormía en un sillón. Así llegaba el día y la noche, hasta que mi papá fue trasladado en ambulancia a casa de mi hermana, para continuar con su recuperación.

Antes de que todo esto ocurriera, nosotros habíamos iniciado el trámite de sus documentos migratorios para que pudieran obtener su residencia permanente, y así recibir servicios médicos y los beneficios de vivir aquí. Por lo tanto, todo siguió su curso y un tiempo después de su recuperación, llegó la bendición de la residencia de mis padres.

Tiempo después, pudieron viajar a Guadalajara, ya que mi padre quería visitar a la familia, para seguir recuperándose.

Durante este proceso de gran aprendizaje, doloroso, pero edificante, me di cuenta de que amo incondicionalmente a mis padres, pero también descubrí la importancia de amarme y cuidarme a mí misma. Al conectar con mi misión divina, pude entender también lo importante de seguir cultivando ese amor que tengo por los demás, a través de comprender que también debo dirigirlo hacia mí misma, en todos los aspectos. Tanto en lo físico, como en lo mental, lo emocional y lo espiritual.

Reconozco que no podemos dar lo que no tenemos; por lo tanto, para seguir atendiendo a los demás, es crucial aprender también a cuidarnos. Con todas estas experiencias, he aprendido a respetar los procesos de vida de cada persona, incluyendo el de mi esposo y el de mis hijos. He comprendido que una forma de ayudar a los demás es, sin duda alguna, cultivar también el amor propio. Todo esto, por supuesto, en comunión con nuestro crecimiento espiritual y nuestra relación con Dios.

Como partidaria de la gratitud y la fe, ahora comprendo que no podemos dar lo que no tenemos. He llegado a comprender lo importante que es priorizarnos a nosotros mismos para poder ofrecer un amor genuino a los demás. Con todas estas experiencias, me he dado cuenta de que a menudo nos esforzamos al máximo por cuidar a quienes nos rodean sin dedicar el mismo nivel de atención a nuestro propio bienestar. Por eso, aquí estoy en este libro, compartiendo contigo la importancia de conectar con tu misión divina, de practicar el amor incondicional, pero sin descuidar nunca el autocuidado y el autoconocimiento.

Tengo una firme convicción de que atraemos aquello en lo que nos enfocamos, por eso me esfuerzo en atraer paz, amor y gratitud a mi vida. He aprendido a dar gracias incluso antes de que una bendición llegue a mí. Es como si la gratitud fuera un imán que atrae hacia nuestra vida los deseos más profundos de nuestro corazón. Creo firmemente en el poder de la intención y el agradecimiento para manifestar lo que verdaderamente deseamos ver suceder.

Gracias a esta y a muchas otras experiencias, he adoptado una mentalidad de aprendizaje constante, buscando las lecciones importantes en cada vivencia, incluso en las negativas. Si algo no sale como esperaba, busco la enseñanza que puedo obtener y cambio mi perspectiva. Reconozco que la vida está llena de lecciones y oportunidades para crecer, y me comprometo a aprovecharlas al máximo.

Al reflexionar en la frase de "Ser como niños", puedo darme cuenta de que tiene un profundo significado espiritual con relación a nuestro llamado divino. Muchas veces tendremos que acceder a la humildad para poder proporcionar un servicio desinteresado. Recuerdo las palabras de Jesús en la Biblia, cuando dijo: "En verdad os digo, que, si no os convertís y os hacéis como niños, no entraréis en el reino de los cielos". Para mí, esto significa tener un corazón puro, sin prejuicios ni malicia, y una fe simple y confiada en Dios.

Cuando pienso en ser como niños, pienso en la humildad, la confianza y la sinceridad que se necesitan para fortalecer nuestra relación con Dios, y también en nuestra forma de vivir la vida. Es tener una mente abierta para aprender, una disposición para perdonar y olvidar, y una confianza total en la guía y protección divinas.

Vivir como niños implica apreciar todas las maravillas de la vida, mantener una conexión sincera con lo divino y vivir en gratitud por todas las bendiciones que recibimos. Es conservar la inocencia del corazón, la pureza en la intención y la fe sin reservas en Dios. Creo firmemente que, al adoptar esta actitud, podemos experimentar una vida más plena y significativa en comunión con El Creador, especialmente cuando estamos al servicio de los demás. Sin embargo, es importante recordar que todos enfrentamos nuestros propios desafíos, y aunque deseemos servir al prójimo de todo corazón, a veces podemos encontrarnos cuestionando cómo seguir adelante. Es en esos momentos de duda que debemos recordar nuestro propósito mayor, y confiar que la guía y el apoyo divino siempre estarán disponibles.

Mis hijos se han convertido en mis más grandes maestros. Ellos me enseñan con su corazón puro, su capacidad para perdonar y amar incondicionalmente, lo que es vivir desde nuestro propósito divino. Cada día, aprendo de su ejemplo y me esfuerzo por ser una mejor versión de mí misma, motivada por hacer las cosas con amor y gratitud.

Al comprender tantas verdades maravillosas, ya no me culpo ni me victimizo, ni juzgo la forma en que fui educada. Mis padres hicieron lo mejor que pudieron con lo que aprendieron en su momento. Tal vez no tuvieron las mismas oportunidades que yo tengo ahora. Por eso, aprendo constantemente de mis hijos, y estoy decidida a romper cualquier ciclo negativo. Lo que para mí fue dolor, para mis padres fue hacer lo que creían correcto, según cómo los criaron a ellos. Amo a mis padres, a mis hermanos y a todos los seres vivientes, con un corazón limpio, tal como mis hijos me han enseñado.

Con todo esto puedo compartirte que, cuando servimos desde una conexión divina, es decir, desde el amor incondicional, los resultados se hacen evidentes. Como dijo Jesucristo, "por sus frutos los conoceréis". Trabajar desde el amor nos permite ver a los demás con compasión y no desanimarnos cuando enfrentamos obstáculos.

La Biblia habla mucho sobre el amor, y una de mis citas favoritas se encuentra en 1 Corintios 13:4-8. En esa parte de la Biblia dice que "El amor es paciente, es bondadoso. El amor no es envidioso ni jactancioso ni orgulloso. No se comporta con rudeza, no es egoísta, no se enoja fácilmente, no guarda rencor. El amor no se deleita en la maldad, sino que se regocija con la verdad. Todo lo disculpa, todo lo cree, todo lo espera, todo lo soporta. El amor nunca deja de ser..." Es una hermosa descripción de lo que significa amar verdaderamente según las enseñanzas de Jesucristo, quien es nuestro mayor ejemplo de vivir guiado por su propósito divino, mostrándolo en su capacidad de servicio y amor al prójimo.

Al honrar nuestra misión divina y al conectarnos con ese amor, nos alineamos con el flujo natural del universo y podemos experimentar una profunda armonía con nosotros mismos y con el mundo que nos rodea. Así, querido lector, vivir con propósito divino se convierte en un viaje transformador hacia una vida más plena y significativa, permitiéndonos vivirla desde el agradecimiento y la fe.

Capítulo 9
Renovación y Esperanza Frente a los Cambios de la Vida.

"En cada cambio encontramos una oportunidad para renovarnos y crecer en nuestra fe".

En un mundo que siempre está cambiando, es crucial entender cómo mantenernos fuertes cuando las cosas no son seguras. Los cambios, grandes o pequeños, son parte natural de la vida de todos. A veces, pueden hacernos sentir nerviosos o temerosos. Pero también nos dan la oportunidad de crecer y aprender más sobre nosotros mismos.

Cuando aceptamos los cambios y nos adaptamos, descubrimos que tenemos una fuerza interior llamada resiliencia. La resiliencia nos ayuda a superar problemas y nos da un nuevo propósito de vida.

La resiliencia es como un músculo que fortalecemos a lo largo de nuestra existencia. Es esa capacidad interna que nos permite levantarnos cuando la vida nos tira al suelo, es encontrar fuerzas cuando pensamos que ya no las tenemos, y seguir adelante incluso en los momentos más difíciles.

Desde mi infancia, he enfrentado una serie de eventos desafiantes que han puesto a prueba mi capacidad de adaptación y superación. Desde mi propia batalla contra el cáncer hasta la enfermedad de mi hijo recién nacido y las cirugías de mi esposo, cada uno de estos momentos difíciles ha sido una oportunidad para desarrollar y fortalecer mi músculo de la resiliencia. He aprendido a encontrar lecciones de crecimiento en cada golpe, a descubrir mi propia fuerza interior, y a fluir con los cambios inevitables de la vida. La resiliencia se ha convertido en un don divino que me permite enfrentar los desafíos con valentía y determinación, transformando la adversidad en una oportunidad para seguir adelante.

La renovación y el mantenimiento de la esperanza ante los cambios que se nos presentan, son esenciales para seguir avanzando con gratitud y fe. Para lograr esto, es crucial que tomemos conciencia de nuestros pensamientos y patrones mentales. Hay que reconocer que somos nosotros quienes moldeamos nuestra realidad a través de lo que pensamos y creemos, ya que eso nos brinda una poderosa visión que nos permite enfrentarnos a los cambios que se nos puedan presentar.

Para mantener viva la esperanza y la fe, es importante practicar la gratitud a diario, centrándonos en las bendiciones presentes en nuestras vidas en lugar de enfocarnos en lo que nos falta. Asimismo, necesitamos aprender a soltar el peso del pasado y confiar en que Dios o el universo, siempre nos proveerá lo que necesitamos en el momento oportuno.

La clave también radica en estar dispuestos a aprender y a crecer a partir de las cosas que nos pasan. Entonces, en vez de resistirnos a los cambios, podemos abrazarlos como oportunidades para evolucionar como seres humanos, y para llevar nuestra vida a un nivel distinto de conciencia.

En mi propia experiencia, he comprendido que para mantener viva la esperanza y la fe ante los cambios que surgen en nuestra vida, es crucial cultivar una mentalidad positiva. Como he mencionado a lo largo de este libro, esto implica practicar la gratitud, confiando plenamente en nuestro proceso de vida, aceptando lo que no podemos cambiar, y cambiar lo que si podemos. Es importante saber elegir nuestros pensamientos diariamente, de la misma manera en que elegimos la ropa que vamos a usar.

En ocasiones, cuando nos enfrentamos a una enfermedad o a desafíos en la vida, nuestra existencia parece girar en torno a la búsqueda de sanación y recuperación rápidas. Por eso para mí fue muy importante captar el principio del que hablo en este capítulo. El aprender a sobrellevar los cambios de la vida con una buena actitud, con gratitud y fe es tan importante como aprender a respirar.

Hubo un tiempo de mi vida en el que experimenté tener que adaptarme a los cambios que fueron surgiendo con las circunstancias que aparecían como curvas en el camino. Primero con mi propia enfermedad, luego la de mi bebé, unos años más tarde, las cirugías de mi esposo que lo tuvieron muy grave, y después lo de mi papá. Imagina que la vida es como un sendero de montaña en el que, de repente, te encuentras con una serie de curvas cerradas. Cada curva representa una circunstancia inesperada que debes enfrentar. Al igual que en el sendero, estas curvas pueden ser desafiantes y sorprendentes, pero también ofrecen la oportunidad de descubrir nuevas perspectivas, nuevos paisajes y la oportunidad de superar obstáculos para seguir avanzando hacia adelante.

Te comparto que mi esposo y yo nos conocimos en mi lugar de trabajo hace muchos años. Desde el principio, me cautivó con su amabilidad y sus atenciones. Aunque en ese entonces no estaba planeando casarme, él logró conquistar mi corazón y juntos hemos formado a lo largo del tiempo nuestra hermosa familia.

Después de que superé los desafíos de mi enfermedad, sentí que comenzaba una nueva etapa en mi vida. Disfruté cada momento de la maternidad después de haber recuperado mi salud, y, a lo largo de los años, hemos ido enfrentando juntos los desafíos propios de cualquier matrimonio. Mi esposo ha sido una bendición constante en mi vida. Siempre ha procurado brindarnos todo lo que necesitamos, trabajamos juntos en todo lo que podemos y él ha estado ahí para nosotros en los momentos más difíciles. No tengo palabras para expresar lo agradecida que me siento con Dios por tantas bendiciones que me permite ver.

Puedo afirmar que mi vida ha experimentado un cambio radical después de enfrentar y salir de mi enfermedad. La cercanía con la muerte me ha llevado a valorar cada momento, y a trabajar con un enfoque renovado, y ahora camino con el objetivo de dejar un legado de amor para mis hijos, y las generaciones futuras. Aprecio y valoro profundamente el tiempo, reconociéndolo como nuestro recurso más preciado. Cada amanecer, cada flor, cada atardecer son momentos que atesoro con gran significado. Cada experiencia, desde disfrutar una rica galleta recién horneada, hasta compartir momentos de risa con mi esposo y con mis hijos, adquiere una nueva dimensión de belleza y valor para mí.

A través de esta experiencia, he aprendido a adaptarme a los cambios de la vida. Entiendo que la felicidad y la plenitud están disponibles para nosotros en todo momento, independientemente de las circunstancias que enfrentemos. A medida que aprendemos a fluir con los cambios y a encontrar la alegría en las pequeñas cosas, descubrimos una nueva forma de vivir: una vida llena de gratitud, aprecio y servicio.

Aprovechar al máximo cada momento es nuestra mayor responsabilidad y recompensa. Aunque en ocasiones nos sintamos mal debido a un mal día, tener esta visión nos permite superar más rápidamente las emociones negativas que todos somos susceptibles a enfrentar.

Es posible que haya mencionado esto anteriormente, pero creo que vale la pena repetirlo. En la actualidad, vivo desde un lugar de aceptación, en lugar de desde el miedo. Esta simple diferencia marca un antes y un después en mi vida. Antes, sin darme cuenta, me encontraba atrapada en un ciclo de evitar el dolor y complacer a los demás. Mi enfoque estaba en hacer, perseguir y obtener reconocimiento, siempre colocando las necesidades de los demás por encima de las mías. Vivía dominada por el miedo al juicio de los demás, sin saberlo, temiendo ser percibida como egoísta, insuficiente o inadecuada. Además, sentía que nunca cumplía con las expectativas de algunas personas.

Al tomar conciencia de esta dinámica y comprender la brevedad de la vida, mi perspectiva cambió por completo. Ahora vivo para ser auténtica, para disfrutar de lo que verdaderamente me apasiona.

Ya no me preocupo por hacer las cosas perfectamente, sino por hacerlas desde el corazón. Este cambio ha traído una profunda sensación de felicidad y libertad a mi vida. Ahora me siento más plena y auténtica que nunca.

Es crucial entender que el mundo exterior refleja lo que sentimos por nosotros mismos. Al abandonar cualquier juicio negativo sobre nuestro ser, permitimos que nuestro entorno se transforme. A medida que esto ocurre, vamos ganando confianza. Cuanto más confiamos, más podemos liberarnos del afán de buscar la aprobación externa. Cuando nos dejamos llevar por el juicio de otros, nuestra vida se bloquea y se limita a las opiniones ajenas.

Por eso, considero fundamental resaltar en este libro la importancia de adaptarnos a los cambios, y de no permitir que las circunstancias de la vida nos quiten el deseo de vivir plenamente. No debemos permitir que las acciones de otras personas nos roben la pasión por servir, y por experimentar la vida al máximo.

Considero que es crucial recordar que el poder de Dios está siempre presente y tiene todo bajo control, incluso cuando nos enfrentamos a enfermedades, circunstancias adversas o la pérdida de seres queridos. Al depositar nuestra fe, gratitud y confianza en Él, podemos descansar en Su sabiduría y entender que hay aspectos que no nos corresponde a nosotros decidir.

Una clave importante para enfrentar estos desafíos es confiar en el plan y en los procesos de Dios. Esta verdad se hizo evidente para mí en un día en particular, cuando la enfermedad de mi esposo me recordó nuevamente la fragilidad de la vida.

No me canso de expresar mi profundo agradecimiento a Dios por las innumerables bendiciones y milagros que ha manifestado ante mis ojos. A lo largo de mi jornada, he aprendido a reconocer su mano en cada detalle y en cada giro del camino. Entiendo que, para algunos, puede resultar difícil percibir la presencia divina en medio de los desafíos o las pruebas. Sin embargo, desde mi experiencia personal, puedo afirmar con convicción que Dios está presente en todas partes y nunca nos abandona. A veces, sin embargo, nuestras mentes pueden estar nubladas por el egoísmo o la falta de gratitud, lo que nos impide ver claramente su intervención en nuestras vidas.

Hoy, al contemplar a mi esposo con vida, al ver a mi hijo Jhadiel crecer junto con sus amados hermanos, y al sentirme aquí, presente y capaz de compartir mi historia a través de estas palabras, me doy cuenta de la magnitud de las bendiciones que nos rodean, cuando abrimos nuestros corazones a la gratitud y la fe. Cada instante se convierte en una evidencia clara del amor y la bondad de Dios hacia nosotros.

No puedo evitar mencionar que, como seres humanos, todos podemos experimentar emociones y reacciones repentinas, especialmente en días caóticos y ocupados. Sin embargo, cuando siento molestia por algo relacionado con mi esposo, reflexiono sobre la bendición que significa tenerlo a mi lado, y con solo eso, la molestia se desvanece.

En ocasiones, incluso he reflexionado sobre cómo sería mi vida sin él. Hubo un evento en particular en el que estuvo gravemente enfermo, llegando incluso a la terapia intensiva. Recuerdo que los médicos nos advirtieron sobre las pocas posibilidades de recuperación en aquel momento. Mi esposo tenía una arteria principal tapada, la que va al corazón, y lo sometieron a una operación de emergencia.

Desafortunadamente hubo complicaciones con una malla que le habían colocado en el estómago, lo que resultó en una segunda operación de urgencia justo antes de Navidad. Posteriormente, lo volvieron a operar después de las festividades, y el 7 de enero, tuvo una tercera intervención quirúrgica.

En ese momento, me encontraba en un hotel en Tijuana, y mis hijos estaban conmigo. En ese fin de año, mientras todas las personas estaban disfrutando de la Navidad, yo estaba en los pasillos del hospital, esperando ansiosamente noticias sobre la condición de mi esposo.

Después de la tercera operación, recibí una noticia devastadora: me informaron que las complicaciones de mi esposo podrían deberse a que su estómago estaba invadido por el cáncer. Sentí que la sangre se me congelaba, incapaz de creer lo que mis oídos estaban escuchando. Me dijeron que, aunque lo operaran, quizás ya no habría mucho por hacer. Me quedé paralizada, las lágrimas brotaron desconsoladamente y llamé a Siloina, mi madre espiritual. A pesar de estar lejos, en un campamento cristiano de pastores, me aseguró: "No te preocupes mi reina, vamos a orar por él y te vamos a acompañar". Se trasladó hasta donde yo estaba, llegando en una hora y media, un trayecto que normalmente llevaba dos horas. Una vez allí, se quedó con mis hijos en el hotel.

Me dirigí de inmediato al hospital y busqué la habitación donde tenían a mi esposo. Finalmente lo encontré. Al entrar en la habitación, él vio mi rostro y notó mi expresión preocupada. Me preguntó: "¿Qué te pasa? Parece que has visto un muerto". Le pregunté entonces: "¿Cómo te sientes?". Él respondió: "Me siento bien, pero tengo un dolor muy fuerte en el estómago. Para ese entonces, él no tenía la menor idea de lo que me habían dicho los doctores con respecto a su estado de salud. La doctora dijo que nuevamente le iban a hacer otros estudios, para descartar cualquier sospecha. Yo estaba hecha un manojo de nervios. Siloina me dijo que seguirían en oración;

No había nada más que pudiéramos hacer, más que confiar en la voluntad de Dios.

Después, la doctora me llamó para darme los resultados y me comunicaron que teníamos que estar preparados para todas las posibilidades, pero que, gracias a Dios, los resultados habían salido negativos para el cáncer. Posteriormente, mi esposo fue sometido a otra cirugía, la cual duró más tiempo. Mientras esperaba afuera del quirófano, una tía llegó al hospital después de enterarse por mi abuelita de la operación de mi esposo y vino a acompañarme.

Suelo derramar lágrimas con mucha facilidad porque soy muy emotiva, especialmente en momentos como esos. A pesar de tener fe en que mi esposo estaba en manos de Dios, entiendo que hay una parte de nosotros que puede sentir temor y mucha preocupación. Sin embargo, las palabras de mi tía me reconfortaron mucho. Ella puso sus manos en mis hombros y me dijo: "Hija, no estás sola. Así como tú has estado ahí para mí en muchas ocasiones, así estoy yo para ti. No estás sola".

En aquel entonces, nos vimos obligados a mudarnos a esa ciudad, y vivir allí durante un año y medio mientras mi esposo recibía tratamiento y se recuperaba de sus cirugías. Después, cuando finalmente pudimos regresar a nuestro hogar en Estados Unidos, mi esposo todavía estaba en proceso de recuperación.

Una mañana, mientras llevaba puestas las pantuflas del hospital de mi esposo, resbalé al bajar un escalón y caí. Me resultó muy difícil levantarme debido al intenso dolor que sentí en mi vientre. Mis hijos corrieron a avisarle a mi esposo, quien todavía estaba en proceso de recuperación y tenía un pequeño contenedor de drenaje. A pesar de eso, vino rápidamente a ayudarme a levantarme y me llevó de urgencia al hospital, debido al fuerte dolor abdominal que experimentaba.

Después de realizar varios estudios, nos llamaron para revisar los resultados en el correo electrónico de mi esposo. En ese momento, sentí que algo malo estaba pasando, y ambos nos apresuramos a revisar el mensaje. Cuando lo leímos, él simplemente me abrazó y me dijo: "Estás embarazada". La emoción de descubrir que estábamos esperando a nuestro sexto hijo fue indescriptible.

Es increíble cómo las situaciones que se presentan en un momento pueden cambiar por completo el rumbo de nuestra historia. La llegada de nuestra querida Cristi iluminó nuestras vidas de una manera inesperada. Nuestros hijos la adoran y la cuidan mucho. Desde ese día, las cosas han ido avanzando positivamente en nuestra vida. Siempre estamos atentos a vivir con gratitud y fe, aprendiendo de cada momento, recibiendo cada regalo y buscando ser una contribución en la vida de las personas.

Capítulo 10
Cultivando un Futuro de Gratitud y Fe, Dejando un Legado de Amor

"Sembrando semillas de gratitud, labramos un futuro lleno de bendiciones y realización espiritual."

En este último tramo de nuestro viaje juntos en este libro, mientras nos sumergimos y apreciamos, valoramos y agradecemos la historia que nos ha tocado vivir, es crucial mirar hacia adelante con la intención de cultivar un futuro colmado de gratitud y fe. Recuerdo con cariño a mi abuelo, un hombre que dedicó muchos años de su vida a vivir una vida de duras carencias, por defender el honor de su familia. Él sembró en mi corazón las semillas de la gratitud, mostrándome un ejemplo admirable de entrega incondicional. Mi abuelo nos amaba profundamente, y su valentía en protegernos, guiarnos y amarnos resuena en mi espíritu hasta el día de hoy.

Honro su vida, su sacrificio y el amor inquebrantable que siempre nos demostró. Aunque ahora se encuentre en el cielo, elevo mis oraciones y mi gratitud hacia él. Los frutos que hoy disfruto en mi vida son el resultado de las semillas que él sembró con dedicación y cuidado en mi corazón. Esos frutos se expanden hacia mis hijos, mi esposo, mi equipo y todas las personas que me apoyan, así como a las mujeres que busco ayudar con todo mi corazón.

Un Puente Grande fue testigo del crecimiento y la vida de este hombre excepcional. Reconectar con mi pasado me permite reconocer las personas maravillosas que Dios ha puesto en mi camino. El poder del amor al prójimo puede transformar generaciones al tocar un solo corazón. Agradezco profundamente a mi esposo, a Siloina, a Yolanda y a todas las personas que Dios ha colocado en mi vida para crear un fundamento sólido desde el cual ayudar a aquellos que sufren, especialmente a quienes están en medio de sus procesos de enfermedades terminales que los debilitan y los golpean con fuerza.

Tengo la misión de entregar mi vida al servicio de mi familia, y de todas las personas que Dios coloque en mi camino. "La fundación Kmorfin Reconstruyendo Vidas" nació en mi corazón desde que era una niña, y se reforzó su existencia después de haber librado mi propia batalla contra el cáncer. Esta fundación sin fines de lucro siempre está en busca de apoyar a mujeres, personas y niños que enfrentan esta grave enfermedad, ofreciendo esperanza, apoyo y recursos para atravesar tiempos difíciles y encontrar la fuerza para seguir adelante. En la entrega de nuestro corazón y de nuestra voluntad al servicio de los demás, creo yo, está la verdadera riqueza, y en la fe y la gratitud encontramos el camino hacia un futuro, lleno de bendiciones y realización espiritual.

Hay una verdad profunda que descubrí y me gustaría compartirla en estas líneas. Es algo que he aprendido a lo largo de mi vida, y es que el servicio nos edifica de maneras que a veces ni siquiera podemos imaginar. En el libro de Hechos, capítulo 20, versículo 35, el apóstol Pablo nos recuerda las palabras del Señor Jesús, quien dijo: 'Hay más felicidad en dar que en recibir'. Esta enseñanza nos resalta la importancia del acto de dar desinteresadamente, una virtud que refleja el amor y la generosidad que Jesús predicó durante su ministerio terrenal.

He aprendido que el servicio no solo beneficia a quienes reciben, sino que también nos edifica a nosotros quienes lo damos. Es como si nuestras almas se elevaran cada vez que nos entregamos a los demás con amor y generosidad. Es una experiencia transformadora que nos llena de paz y satisfacción.

Les comparto, hablando desde mi experiencia personal, que buscar oportunidades para servir ha sido una fuente inagotable de crecimiento, en muy diversos aspectos, y nos ha llenado el corazón de amor a mí, a mi familia y a nuestro maravilloso equipo. He encontrado que el servicio no solo ha transformado mi forma de ver el mundo, sino que también ha nutrido mi espíritu y me ha llevado a un lugar de mayor plenitud y realización.

Por eso les exhorto, con todo mi corazón, a que busquen activamente maneras de servir, ya sea dentro de su comunidad, en su iglesia o dentro de su propia familia. No subestimen el poder que tiene el servicio para sanar sus heridas, para impactar positivamente sus vidas y las vidas de quienes les rodean. Cada acto de amor y generosidad que brinden es como una semilla que siembran, destinada a florecer y dar frutos en el corazón agradecido de quienes reciben su ayuda.

Después de explorar las heridas de mi infancia, descubrí que gran parte de nuestras experiencia como adultos e incluso nuestras enfermedades, están moldeadas por esas cicatrices que llevamos en el corazón y, a veces, en el cuerpo. Sin embargo, me doy cuenta ahora, en esta etapa de mi vida, de la importancia fundamental de los dos pilares que he compartido en este libro. La gratitud y la fe se han vuelto esenciales para vivir una vida diferente.

Recuerden siempre las palabras de Jesús, quien nos enseñó que hay más felicidad en dar que en recibir. Permitan que el acto de dar los lleve a descubrir una nueva dimensión de la vida, donde la verdadera riqueza se encuentra en el servicio desinteresado a los demás.

Las gafas de la gratitud nos permiten transformar lo doloroso y desagradable, en lecciones de vida que nos brindan la base para una existencia más plena. Cada golpe, tanto físico como emocional, se convierte en parte del puente que nos lleva de una vida marcada por la desolación y la tristeza, hacia una llena de esperanza, satisfacción, alegría y felicidad. Aunque las experiencias puedan ser dolorosas, Dios me ha mostrado que todo tiene un propósito, y abrazar ese propósito es clave para encontrar significado en todo lo que hemos vivido.

No tengo palabras suficientes para expresar mi gratitud por cada situación difícil, por cada lágrima, y por cada momento de desesperación. Si ese fue el precio que tuve que pagar para llegar al punto en el que estoy hoy, rodeada de personas de buen corazón, amando genuinamente, y siendo también amada por mis hijos y contando con un esposo que camina a mi lado como un verdadero compañero de equipo, entonces, cada desafío ha valido la pena. No te voy a decir que no hay retos por superar, pero lo que si te puedo compartir es que he aprendido que las personas más felices, no son las que más tienen, sino las que menos necesitan. Cada uno de nosotros puede elegir con que lentes ver el mundo, porque hay dos formas de ver la vida, una es pensando que nada es un milagro, y la otra es pensar que todo lo es.

Aunque la vida se construye día a día, entiendo también que es una elección personal la compañía que elegimos para este viaje llamado vida. Ha sido importante rodearme de aquellos que llenan mi vida de luz, amor y apoyo. Cada día es una oportunidad para cultivar relaciones significativas, y para compartir nuestro tiempo con aquellos que realmente valoran nuestra presencia en sus vidas. Es en estas conexiones auténticas donde encontramos la verdadera riqueza y la plenitud del alma.

Quizás en algún momento de nuestra existencia nos encontremos en situaciones donde la armonía y la convivencia con nuestra familia directa se vean comprometidas. Puede que existan distanciamientos entre padres e hijos, hermanos y hermanas que no se llevan bien, o conflictos sin resolver que han provocado que algunos miembros de la familia dejen de hablarse entre sí. Sin embargo, quiero compartir contigo algo que he aprendido a lo largo de mi vida: la voluntad de cada individuo tiene el poder de transformar las relaciones familiares.

He sido testigo de cómo el deseo sincero de mejorar, y tener un corazón abierto y dispuesto a crear una vida mejor, puede obrar milagros en las familias. A menudo, nos encontramos en un mundo cegado por el orgullo y el egoísmo, sin percatarnos de que son precisamente estos sentimientos los que nos separan de aquellos que amamos. Es fundamental aprender a mirar al prójimo con compasión y preocuparnos genuinamente por su bienestar, ya que esto nos ayuda a construir lazos y puentes de amor que pueden superar cualquier obstáculo.

En la búsqueda de la felicidad, nos enfrentamos ante un camino que a menudo está plagado de desafíos y retos a superar. Sin embargo, es en esos momentos de dificultad donde aprendemos y crecemos más profundamente. Cada error, cada tropiezo, nos brinda una oportunidad invaluable para aprender y evolucionar. Es en esos momentos de prueba donde descubrimos nuestro propósito y encontramos la verdadera esencia de la vida.

Vivir con propósito implica reconocer que cada experiencia, sea positiva o negativa, tiene una razón de ser en nuestro viaje personal. A través de la gratitud y la fe, podemos trascender las adversidades y hallar significado en cada desafío. La gratitud nos permite valorar las lecciones aprendidas y avanzar con determinación hacia un futuro lleno de oportunidades. No es la felicidad lo que genera agradecimiento, sino más bien el agradecimiento lo que nos lleva a la felicidad.

La gratitud y la fe actúan como ventanas hacia la luz, la esperanza, la creatividad y la unión; nos permiten despertar cada día renovados, con un profundo deseo de ayudarnos a nosotros mismos y a los demás. Nos impulsan a trabajar juntos para construir un mundo mejor, donde la empatía y la compasión sean los pilares fundamentales de nuestra sociedad. Con estas herramientas, podemos transformar nuestra vida y la de los que nos rodean, creando un lugar donde todos podamos prosperar juntos en armonía y amor.

En las jornadas oncológicas, nos reunimos con un propósito claro: servir a aquellos que están atravesando por el difícil camino de la enfermedad, especialmente el cáncer. Es asombroso presenciar cómo tantas personas están dispuestas a dar de su tiempo y amor para ayudar a otros, incluso a aquellos que nunca habían conocido y que tal vez solo verán una vez en sus vidas. Quiero expresar desde lo más profundo de mi corazón mi sincero agradecimiento a todas esas almas generosas que contribuyen a formar una gran montaña de apoyo y servicio.

A través de la fundación "KMorfin Reconstruyendo Vidas", en estas jornadas oncológicas, he tenido el privilegio de conocer a seres humanos maravillosos que día a día se unen para mejorar la vida de otros. Mi sueño es grande, y es el de ayudar al mayor número posible de mujeres, hombres y niños que enfrentan esta enfermedad que puede ser tan abrumadora. Así como yo recibí una mano amiga en mi propia batalla contra el cáncer, quiero ser esa mano amiga que brinde fe y esperanza a quienes están luchando en este momento.

Deseo fervientemente que nuestra fundación llegue a incontables países, incluyendo a España. Tengo plena confianza en que Dios nos abrirá puertas y que, con el tiempo, estaremos brindando nuestros servicios a comunidades de todo el mundo. Esta visión nos llena de esperanza y nos impulsa a seguir adelante con determinación y fe, del impacto positivo que podemos lograr en la vida de muchas personas.

Si estás leyendo estas palabras, y en este momento estas pasando por una situación difícil, de la naturaleza que sea, quiero invitarte a poner en práctica la gratitud y a conectar con la fe y la esperanza. Creo firmemente que Dios tiene un propósito para cada uno de nosotros, y que Él está presente en cada paso del camino, a veces cargándonos, siendo incluso de Él, en algunas ocasiones, las huellas que vemos marcadas en la arena de nuestras vidas. Es mi deseo que puedas sentirte acompañado en cualquier momento difícil que atravieces, y que encuentres consuelo y fortaleza en la comunidad de apoyo que está disponible para ti.

Te dedico estas líneas, con todo mi cariño, en nombre de todo el equipo de nuestra fundación. Queremos que sepas que estamos aquí para amarte y apoyarte, incluso sin conocerte personalmente, tal como lo hemos hecho con tantas otras personas y como lo seguiremos haciendo en los días por venir. Junto a mis hijos, mi esposo y todas las personas de buen corazón que Dios ha puesto en mi camino, deseo dejar un legado de amor en el mundo, invitando a más personas a unirse a esta noble labor de mejorar la vida de otros, ya sea donando su tiempo o recursos para aquella causa que resuena en tu corazón. Estoy convencida de que la unión hace la fuerza y que juntos podemos construir un mundo mejor.

Yo creo que Dios o el Universo, como tú lo veas, nos ha dotado de un propósito único y nos ha diseñado para dejar una huella imborrable en este mundo, impactando a las generaciones futuras, tanto en nuestra familia como en nuestra comunidad y más allá. Cada uno de nosotros tiene una sensibilidad especial y una capacidad única para desafiar las creencias del pasado y contribuir al cambio en el mundo que nos rodea.

Si has sentido en lo más profundo de tu ser que estás destinado a dejar una marca en este mundo, te invito a que te conectes con tu propósito. Reconoce que tu diseño es perfecto y que todas tus experiencias, incluso las más difíciles, te han preparado para este momento. Tú y yo llevamos semillas de grandeza en nuestro interior, y cuando la vida nos pone a prueba, tenemos todo lo necesario para superar los desafíos y alcanzar nuestro destino con plenitud.

Te animo a que des ese salto cuántico y te conectes con tu ser, dejando de lado cualquier creencia limitante que te impida destacar y brillar como la persona valiosa que eres. En este viaje hacia la realización de nuestro propósito, también es importante recordar ser agradecidos por todo lo que tenemos en nuestra vida: por nuestra familia, por los seres queridos que nos rodean, por los retos, los obstáculos y por las oportunidades que se nos presentan cada día.

Te invito a tomar un momento ahora mismo para elegir conectarte con la alegría de extender una mano amiga, a aquellos que enfrentan desafíos difíciles en sus vidas. Todos podemos ser una luz de esperanza y una fuente de inspiración para quienes comparten nuestro camino. Comencemos este viaje con gratitud en nuestros corazones, reconociendo la belleza y la abundancia que nos rodea, y extendiendo esa gratitud hacia nuestra vida, nuestra familia y hacia todos aquellos que nos acompañan en esta maravillosa travesía.

En momentos críticos, como en el hospital, comprendemos la inmensa valía de la salud. En la prisión, valoramos la libertad por encima de todo. En los cementerios, recordamos que todos, sin excepción, nacemos y morimos. Es vital tomarnos un instante para reflexionar sobre la vida que llevamos. Preguntas poderosas pueden conducir a respuestas reveladoras. Por ejemplo, ¿siento gratitud por todo lo que tengo, o me encuentro constantemente quejándome y esperando algo más para ser feliz?

Creo firmemente que hemos sido bendecidos para bendecir, y parte del secreto de esta vida radica en conectar con nuestro propósito, a través del cual podemos impactar al mundo que nos rodea. Querido lector, quiero expresarte mi profundo agradecimiento por haber llegado hasta esta página. Estoy completamente convencida de que juntos podemos contribuir a hacer del mundo un lugar mejor.

Lo que te comparto no se limita solamente a mí, sino que me he dado cuenta de que nos concierne a todos. Creo con todo mi corazón que cada uno de nosotros tiene un propósito en esta vida, uno mucho más grande de lo que a veces podemos imaginar. Recuerdo un sueño en el que estaba de pie en un escenario, hablando, animando y fortaleciendo a miles y millones de mujeres con turbantes en la cabeza. Quiero compartir este sueño contigo porque sé que un día, ya sea con mis propios ojos o a través de los ojos de mis hijos, y de los ojos de todos los miembros de la fundación, veremos cómo impactamos a innumerables personas que enfrentan la batalla contra diversas enfermedades, devolviéndoles la sonrisa y las ganas de vivir.

Estoy aquí para ofrecer esperanza, tanto a ti como a los demás, para que puedan descubrir un propósito más grande en la vida y comprender que cada experiencia, por dolorosa que sea, nunca es en vano. Todo tiene un significado más profundo, donde nuestros corazones pueden conectar para dejar un legado de amor que perdure en esta generación y en las venideras.

Te invito a que trasciendas el dolor y el sufrimiento, y te conviertas en aquel que ve la vida con esperanza y fe. Que seas un líder inspirador que motive a otros a encontrar fuerzas incluso en los momentos más difíciles, y a sentirse felices, agradecidos y realizados en el día de hoy. Cada día, cada hora, cada minuto cuenta, y juntos podemos superar el dolor y sentir gratitud por la oportunidad de haber pasado por este mundo.

La enfermedad de mi padre fue un profundo golpe en mi corazón, un momento de dolor y angustia que sacudió mi mundo por completo. Sin embargo, en medio de esa oscuridad, encontré una luz que me llevó a conectar con mi misión divina. Fue ese evento devastador el que abrió la puerta para que me convirtiera en homeópata y me dedicara a lo que hago hoy. A través de mi experiencia personal, quiero invitar a las personas a amar su propia historia. Les invito a que vean los sucesos que viven en sus vidas como los peldaños de una escalera que nos lleva hacia nuestro propósito divino.

Para mí, el cáncer, los desafíos que he enfrentado con mis hijos, su salud, el sentirme desamparada cuando no reconocía a Dios en mi vida y la falta de agradecimiento y fe en mi corazón, junto con la enfermedad de mi padre, fueron puntos que se fueron conectando hasta revelarme mi verdadera misión divina. Cada experiencia, por más dolorosa que sea, puede ser un camino hacia la comprensión de nuestro propósito en este mundo.

En estos últimos años, hemos presenciado la apertura de una nueva ventana que nos permite descubrir el poder que tenemos para sanar nuestras emociones y, en consecuencia, sanar nuestra vida. Estamos aprendiendo a comunicarnos con esas partes internas de nosotros que tienen las respuestas necesarias, para guiarnos hacia una existencia más plena, más humana y amorosa. Te invito a que no solo te asomes por la ventana, sino a que cruces por esta puerta que está lista para recibirnos cuando estemos preparados, para que podamos abrazar la comprensión de que todos merecemos amor, y que cada uno de nosotros tiene la capacidad de comenzar por amarse a sí mismo. Es a través de este amor propio que podremos irradiar amor hacia los demás, superar obstáculos y ofrecer sonrisas genuinas a aquellos que nos rodean.

El agradecimiento y la fe son como dos alas que nos permiten volar hacia una vida llena de significado y plenitud. No se trata de ignorar los desafíos o las dificultades, sino de abrazar cada momento con gratitud y confianza en que todo forma parte de un plan más grande. Al vivir en agradecimiento y fe, reconocemos que incluso en medio de la adversidad, hay regalos que nos ayudan a crecer y a encontrar un propósito más profundo en nuestra existencia.

Te invito a sentir el amor que fluye desde tu corazón y a conectarte con él. Te animo a dejar un legado de amor, reconociendo y valorando tu propia luz y tu fuerza sanadora, alineándote con tu propósito de vida divina, y con el conocimiento de que eres una fuente de esperanza y fe para ti, y para quienes te rodean.

Te invito a amar tu vida, tu historia, a apreciar las pequeñas cosas y a disfrutar al bailar debajo de la lluvia. Te invito a valorar las lágrimas que brotan de tus ojos y mojan tus mejillas, recordándote que tienes un corazón que late en este momento, independientemente de las circunstancias que te rodeen.

Te animo a sumergirte en la gratitud por cada paso que has dado en este viaje llamado vida. Nunca sabemos cuándo llegará nuestro último aliento, por lo que te invito a conectarte plenamente con tu existencia. Si hay aspectos que deseas transformar, no esperes más: ¡hoy es el momento de iniciar el cambio!

Agradecimiento Especial al Equipo Fundador

Querido equipo fundador de la organización Kmorfin, Reconstruyendo Vidas:

Mario Morfin, Victor, Jhadiel, Kimberly, Katherine, Cristina, Siloina Salmerón, Yolanda López, Paulette Altamirano, Neydi Vargas, Maxi Malagón, Everardo Quezadas Toledo, Michel Ortiz, Gerardo Labrada, Claudia Chiñas. Keitha Rojas, Natty Torres, Jasmín Cruz, Felipe Parra, Eliza Torres, Julissa Calel Ruíz.

Hoy quiero dedicar unas palabras llenas de cariño para expresarles mi más sincero agradecimiento. Ustedes, que han sido parte fundamental desde los inicios de esta noble causa, han sido el corazón y el alma detrás de cada esfuerzo realizado en favor de reconstruir vidas.

Gracias por dedicar su tiempo, amor, solidaridad y lealtad a esta causa. Cada momento que han invertido, cada gesto de amor compartido ha sido esencial para dar forma a lo que somos hoy. Su compromiso inquebrantable y su pasión por ayudar a otros nos han permitido alcanzar innumerables metas y cambiar muchas vidas para mejor.

Desde lo más profundo de mi corazón, les agradezco por ser parte de este proceso inicial, por creer en nuestra misión y por caminar juntos en este viaje de esperanza y transformación. Es un honor y un privilegio contar con personas tan excepcionales y dedicadas a nuestro lado.

Les invito a seguir adelante con la misma fuerza y convicción, sabiendo que juntos podemos seguir marcando una diferencia significativa en el mundo. Gracias por ser pilares de esta organización y por todo lo que han aportado a esta gran familia. Sigamos invitando a más personas a unirse a esta noble causa.

Con gratitud infinita,

Kim Martin

Queridos amigos y amigas,

Quiero expresarles mi más profundo agradecimiento por elegir ser parte de este libro durante la semana de preventa especial. Su apoyo y compromiso con esta noble causa no solo son invaluables, sino que también son un testimonio de su deseo de unirse a mí en este viaje de expansión del mensaje de gratitud y fe.

Al adquirir este libro, están demostrando su firme creencia en la importancia de compartir el poder de la gratitud y la fe como pilares fundamentales para vivir una vida feliz y renovada. Su decisión de unirse a este proyecto significa mucho para mí y para todos aquellos que se verán beneficiados por este mensaje inspirador.

Necesitamos más personas en el mundo que compartan esta visión de fe y esperanza, personas que estén dispuestas a abrazar la gratitud como un estilo de vida y a cultivar la fe como una fuerza transformadora.

Gracias por desear ser parte de este movimiento, por creer en este mensaje y por ayudar a difundirlo aún más.

Su apoyo no solo contribuye al éxito de este libro, sino que también es un paso importante hacia la creación de un mundo más feliz y significativo para todos. Como muestra de mi profundo agradecimiento, quiero informarles que sus nombres quedarán grabados en este libro como testimonio de su apoyo y como reconocimiento a su participación en esta causa tan importante de expandir luz en el mundo.

Con profunda gratitud,

Kim Morfin

Queridos Participantes,

Es con gran emoción que me dirijo a ustedes en este momento tan especial. Su participación en la preventa de este libro y su generoso apoyo han sido fundamentales para hacer realidad este proyecto. Sus fotos, ahora inmortalizadas en las páginas de este libro, son testimonio de su compromiso y generosidad.

Cada vez que vean estas páginas, recuerden que son más que simples lectores; son parte de esta historia. Su confianza y apoyo han sido el motor que necesitaba para llevar a cabo este sueño.

Desde lo más profundo de mi corazón, les doy las gracias por su contribución y por formar parte de esta experiencia única. Que su participación en este proyecto les llene de orgullo y satisfacción, y que estas páginas les recuerden siempre el poder de la colaboración y la comunidad.

Con todo mi agradecimiento,

Kim Morfin

 Natty Torres
 Yolanda Lopez Ortiz
 Gabriela Valencia
 Rubén Rodriguez

 Martha Reyes
 Gabi Montes
 Ma. De Jesus Flores
 Mario Morfin

 Siloina Salmeron
 Susana Vargas Romero
 María Romo
 José Luis Velazco Carrillo

 Keitha Rojas
 Teresa Morales
Gerardo Labrada

 Paulette Altamirano
 Angélica Guzman
 Neydi Vargas

 Cindy Tapia Manjarrez
 José Vazquez Polo

Únete a nuestras Redes Sociales

para más información o para saber
más acerca de nuestra misión,
visita nuestra página web:

www.kmorfinfoundation.org

Made in the USA
Monee, IL
31 May 2025